当你把自己放在最低处时，

心如同广阔无垠的大地，

无论是在上面行走还是盖房子，

怎样都行。

人生没有彩排

达真堪布 著

贵州出版集团
贵州人民出版社

序

人生没有假如

一只奄奄一息的老海蛙，无力地仰面漂浮在海边崖缝的海水里，任海水不停地冲荡。

仰望着天上自由翱翔的海鸥，感受着身边自由穿梭的鱼儿，它不由自主地想：假如让我重新选择，我一定要做一只海鸥，远远地飞，高高地飞；假如让我重新选择，我一定要做一只鱼儿，远远地游，深深地游；假如，让我回到年轻力壮的时候，我一定不会蛰伏在海边的崖缝里，度过这委屈的一生；假如……没等老海蛙再想下去，一个大浪打过来，把老海蛙狠狠地摔到了岩石上。就这样，老海蛙在懊悔当中结束了一生……

老海蛙的一生，也许是很多人一生的写照。

若“假如”可以成真，很多人都会重新选择……遗憾的是，世上没有假如！很多事情，很多时候就是这样，发生了就发生了，过去了就过去了，你不可以改变，不可以重新再来！

人的生命就是如此！

其实，人生就是一场戏，每个人都是演员，都有自己要扮演的角色，有时还会根据不同的时期，转换成不同的角色。我们应该像一个出色的演员一样，在演戏的过程中，认认真真地演好自已的角色，但是要清清楚楚、明明了了地知道自己在演戏。无论怎样，一旦戏演完了，也就结束了，如果深陷其中，不能自拔，会造成伤害，会酿成悲剧。

已经过去的，无论是好是坏，是对是错，是苦是乐，都已经过去了，再怎样纠结都徒劳无益；还没有到来的，无论是美是丑，是善是恶，都是未知的，都是难以把握的，再怎样憧憬，也只是幻想而已。

我们唯一要做的，能做的，就是珍惜当下，活在当下，把握当下！因为过去是现在果之因，而未来则是现在因之果。如果我们把握住了现在，把握住了当下，就等于改变了过去，改变了未来！

这，也是改变命运！

达真

于藏历木马年六月初四

佛陀转法轮吉祥日

2014 年 7 月 31 日

目录

第壹章 演好人生这出戏

第贰章 人往低处走

第陆章　学佛是一种享受

第柒章　心开意解：达真堪布仁波切解惑录

第壹章

演好人生这出戏

人生如同一场戏，戏开场了，
你就要演下去，
但是你要清楚地知道，
你是在演戏！
演好你的角色，不要假戏真做。

为什么我活得快乐，你活得痛苦

人，都活着，
但是生命的价值不一样。
我活得快乐，你活得痛苦，
为什么呢？
我们俩的活法不一样。
我有佛法的活法，
所以我活得快乐；
你没有佛法的这个活法，
所以你活得痛苦。
没有别的，就是活法不一样。

人从哪里来，到哪里去，人为什么活着？科学家、哲学家、宗教学家们都在不停地寻找着这一问题的答案。我们现在必须要重新审视一下我们普通人的人生：每个人都想追求快乐和幸福，但是根本没有得到永远的快乐和幸福。每个人都想活得安乐、轻松和自在，但始终也没有实现这个愿望。每一个人都在感受着生老病死四大苦，以及怨憎会苦、爱别离苦、求不得苦和不欲临苦。

人们有些所谓的快乐也会变成痛苦，也是痛苦的因，都离不开痛苦的本性，逃不出痛苦的范围。在这样的痛苦中马马虎虎地过日子，天天吵吵闹闹，特别烦恼、辛苦，这就是我们普通人的生活。

我们怎样才能达到快乐和幸福的目标？有钱也解决不了问题，有权也解决不了问题。我们付出了那么多，但是内心从未满足过，达不到预期的目的。为什么？我们采取的方法不对，所作所为都不是安乐的因缘。

一切不幸的根源就是烦恼，有烦恼就有痛苦。想解决这些问题的话，就要断除烦恼。那么怎样才能断除烦恼？就是要有正知正见。

佛在世时，行住坐卧和众生没有区别，只是他的内心没有妄想、没有执著，所以活得轻松自在。可众生由于妄想执著而迷失了本心，执妄为真，所以活得很累。

人，都活着，但是生命的价值不一样。我活得快乐，你活得痛苦，为什么呢？我们俩的活法不一样。我有佛法的活法，所以我活得快乐；你没有佛法的这个活法，所以你活得痛苦。没有别的，就是活法不一样。

人生就是一出戏

人的一生就是一场戏，
每个人都在人生的舞台上扮演着
各自的角色。
佛清楚地知道自己的角色，
他认真而不执著，
放下而不放弃，随缘而不随便，
所以不会计较，也没有烦恼、痛苦。
但凡夫不知道自己是在演戏，
把一切都当真，执著于爱恨，总计较，
然后活在烦恼、痛苦之中，
这是佛和凡夫的区别。

我们看演员演戏的时候，无论是演善人，还是演恶人；无论是演爱情，还是演战争，都演得特别形象、逼真，这就是缘起；但他们内心里知道自己是个演员，正在演戏，这就是性空。因为有缘起和性空这两种智慧，所以演员内心就不会受到角色的影响。他们演爱情时，心里不会有真实的贪爱；演战场厮杀时，心里不会有真正的嗔恨。因为他们知道表面上的爱恨都是虚假的，所以不会有烦恼、压力和痛苦。

人的一生就是一场戏，每个人都在人生的舞台上扮演着各自的角色。佛清楚地知道自己的角色，他认真而不执著，放下而不放弃，随缘而不随便，所以不会计较，也没有烦恼、痛苦。

但凡夫不知道自己是在演戏，把一切都当真，执著于爱恨，总计较，然后活在烦恼、痛苦之中，这是佛和凡夫的区别。

我们学修佛法就是要修出这种心态：对现实不逃避、不放弃，该演什么样的角色，就演什么样的角色。父母有父母的责任，子女有子女的义务，上学、工作、成家、生孩子，都是各自的因缘。有什么样的缘，就结什么样的缘；结什么样的缘，就了什么样的缘。可能随时要演佛，随时也要演魔，这是你的任务，必须照做；但你要明白，你只是在演戏，而不是角色中的人。

一个好演员，在演戏的过程中一定会非常用心，演得非常到位。我们既然有了这样的机缘，也要做一个好演员，要演到位，这样才能了缘了债。好好学习，好好工作，好好对待周围的有缘众生，这叫认真地演戏。如同佛有寂静相和忿怒相，我们在生活工作中也需要有恨的表情、爱的表情，但是内心里不能有爱与恨。

我们现在演的戏份，都是宿世前接的“单子”。如果你以后不想再演不好的角色了，只想演好的角色，也可以，命运掌握在你自己的手里！但是今生这场戏，我们一定要认认真真地把它演完。

要学会看戏

不管在何处，
不管在什么样的情况下，
该得到的一定会得到，
该失去的一定会失去。
『命里有时终须有，
命里无时莫强求』。
一切随缘而做，
才是真正的自在。

对于任何一个人来说，精神的发展才是真正的发展，内心的快乐才是真正的快乐。可现在的人都在拼命地追逐物质利益，非但没有获得自己想要的快乐，反而愈发让自己烦恼、痛苦。没有佛法就没有活法，有佛法就有办法：首先，别想那么多，知足者常乐，有多大的福报就享受多大福报；其次，与身边的人——单位领导、同事、家人等好好地相处，这样很容易幸福、快乐。

在职场，与上司、同事们打交道，要有智慧。你可以把单位和工作的地方看成是净土，不管领导、同事们对你怎么样，你都要把他们观为阿弥陀佛、观音菩萨、大势至菩萨等净土圣众。有这样的心态和智慧，你才能和同事们搞好关系。

之所以搞不好关系，是因为你没有智慧；如果你有智慧，那时候，领导、同事对你好不好，是否看得起你，对你而言都是一样的。

你应该明白，他们对你不好，这是你自己的业障造成的，是自己的因果。他们这样对待你，是在帮你消业，也是好事；你能心甘情愿、心平气和地接受、承担，这样就能了缘、了债。不管他们说你好话、坏话，你的心都不受影响，这是佛的境界。如同看戏，戏里的演员有时候高兴，有时候生气，你只需看着发生的一切。要学会看戏。有的人因为自己要比别人多做些工作而想不开；有的人因为别人的文化没有自己高，能力也不比自己强，却升职了、涨薪了，而心里不平衡——这都是没有智慧！别人不干活，还非常容易地就赚到钱了；别人没有文化，也没有太大的能力，还能升官、发财——这都是他们的福报，是他们自己前世修来的，都是因果。

你很努力，很辛苦，却没有升职、涨薪，这也是你的因果，没有什么可怨恨的，是自己的业障深重、福报不够。要心平气和地面对这些事情，然后尽心尽力地消业、积福。你能把心态调整过来，你的所作所为就是善，这样就能转变因果；如果没有调整好心态，还怨恨别人，就转变不了因果。

其实有文化、有技术的人，不一定有福报；没文化、没技术的人，不一定没福报。现在很多大老板、企业家都没有文化，也没有技术，但是他就能当老板，就是因为他有福报；很多有文化、有技术的所谓人才，只能在他手下打工，即使是高级打工，也属于打工。这些就是因果，是你自己的福报不如他。你明白了这个道理，就没有什么想不开，也没有什么可抱怨的。

所以信佛、学佛要懂得因果、掌握因果，然后取舍因果、改变因果，这样才能改变命运，改变自己的一切。

莫等见到才相信

无论是地狱还是极乐世界，
都是心的显现，
即使用再先进的仪器也找不到
地狱和极乐世界，
只可以用心看、用心感受。
想切身感受，
要等到业力现前的时候，
那时心自然就会显现这样的景象，
就会看到六道轮回的存在。
等你看到了、感觉到了，已经晚了。

佛陀有个胞弟叫难陀。难陀贪欲很重，特别喜欢自己的妻子，每次出远门时都带着妻子的画像。难陀虽然随佛出家了，但是他本来没有出家的想法，也生不起出离心。有一次，佛通过神通把难陀带到了天界，难陀看到每个无量宫殿里都有天子在享受着快乐，而其中有一个无量宫殿只有众多天女，却没有天子，他就问天女是怎么回事。天女回答说："人间的释迦牟尼佛有个弟弟叫难陀，现在出家了，死后要投生到这里，享受安乐。"难陀返回后，佛问他看到了什么，他如实地告诉了佛。佛就问他："是你妻子漂亮，还是天女漂亮？"他回答说："跟天女相比，我的妻子就像只母猴子。"佛说："那你就好好地受持戒律，将来就可以到天界享受安乐了。”于是，难陀为了享受天界的安乐开始修行了。

佛告诉众弟子：“难陀是为了享受天界的安乐而修行的，你们是为了解脱而修行的，目的不一样，所以不要和难陀同住。”没有人与自己在一起，难陀也挺懊恼的。这时佛又通过神通把他带到了地狱，让他亲眼看看地狱众生所感受的痛苦。地狱中有很多炽热的铁锅，里面煮着众生，阎罗狱卒们还拿着各种兵器打、割、砍他们，但其中一个锅是空的。于是难陀问：“这里为什么没有众生呢？”狱卒们告诉他：“人间的释迦牟尼佛有个弟弟叫难陀，现在出家了，将来在天界享受安乐。待果报穷尽以后，就要堕落地狱，这是为他准备的。”难陀一听吓坏了，将看到的景象如实地告诉了佛陀。佛陀说，即使投生天界也没有意义，最后还要下地狱。从此难陀精进学修，对世间法没有任何的兴趣和贪着，最后成就了阿罗汉果位，而且是持戒第一。

我们现在一点功夫都没有，还说：“我感觉不到有地狱啊！”无论是地狱还是极乐世界，都是心的显现，即使用再先进的仪器也找不到地狱和极乐世界，只可以用心看、用心感受。想切身感受，要等到业力现前的时候，那时心自然就会显现这样的景象，就会看到六道轮回的存在。等你看到了、感觉到了，已经晚了。

生老病死四大苦，是人人都要面对的现实。我们现在的寿命是往昔积来的福报，有积累就有消耗，有消耗就有亏空，说不定哪天寿命就会消尽。寿福享尽时，谁也帮不了你，留不住你，你要一个人孤零零地离去，连自己的身体都带不走。所以要把握人身，好好学佛修行。

世人都放不下爱，放不下情，都特别贪恋亲朋好友，讨厌怨敌、仇人。但什么叫爱？什么叫仇？昨天还爱得死去活来是一家人，今天就打得你死我活闹离婚。今生的亲友，也许到来世会变成怨敌；今生的仇人，也许到来世又成了眷属。爱恨、亲仇都是无常的，不可能永远都是亲眷，也不可能永远都是仇敌。在流转轮回的过程中，所有的众生都曾经是我们的亲人而有恩于我们，也都曾经是我们的仇人而伤害过我们。一切都是缘起法，没有真相，所以没有必要执著于亲仇爱恨，执著了就会受到伤害。

世间八法也没有什么可靠的。别人赞叹或诽谤，都不一定是真实的。凡夫心情好，对你的印象也好时，就会赞叹你；不高兴了，就会诽谤你。他这种心态也不是真实的。所以他赞叹你时，你不用高兴；他诽谤你时，你也不用伤心。保持心态稳定，做好自己该做的，把握好自己的身口意就行了。从另一个角度看，有喜欢、赞叹你的人，也肯定有讨厌、诽谤你的人，这些都是相对的，也都是无常的。不管别人现在对你好不好，都不要太当真，有一天肯定会变。不管是为人处事，还是生活、工作，都要有这种心理准备，要看淡这些。能了知无常而学会面对，你就不会受伤害，也不会有烦恼、痛苦，这就是修行。

生际必死，积际必尽，堆际必倒，高际必堕。虽然我们逃避不了无常，逃避不了现实，但如果我们懂得了这些道理，当面对现实的时候，心里就会有所准备。要明白，不管要感受什么、面对什么，都是应该的，都是正常的，这样到时候就不会烦恼，也不会痛苦。如果我们还不了解无常的真相，就一定会受到伤害。

顺境、逆境都不会恒常，一定会变。遇到逆境时不必痛苦，忍一忍，很快就能过去。顺境不喜，逆境不悲，才是真正的解脱。

能够把每一刹那都当作生命的最后一刻，
才是真正的修行；
能够让每一个起心动念都不造恶业，
才是真正的成功。

心累才是真正的累，心苦才是真正的苦

心累才是真正的累，
心苦才是真正的苦！
关键是心，
心如果调整不好，
你永远会累，会痛苦，
想逃避是不可能的。

你真正放下的时候，你想得到的东西才能得到。世间上的很多人，都觉得自己很聪明，很有能耐。其实，这些小聪明是最愚痴的，认为自己很能干的人是最颠倒的人。他们付出了那么多，努力了那么多，却始终没有达到自己的目的，没有实现自己的愿望，想要的东西没有得到，不想要的东西都得到了。

实际上，拥有文化、权力、事业……这些不都是你想要的么？你之所以那么努力，不就是为了幸福快乐，为了轻松自在么！但是方法、方向错了。尽管也得到了文化、权力等福报，但那个时候得到的是压力、痛苦，没有轻松，也没有快乐。

这种类型的人我接触得比较多，他们总是愁眉不展，唉声叹气，因为有压力与痛苦。最终想得到的没有得到，不想得到的却得到了，这是颠倒，所作所为都是颠倒。他们的身不累，但是心累，他们的身不苦，但是心苦。心累才是真正的累，心苦才是真正的苦！快乐的关键是心，心如果调整不好，你永远会累，会痛苦，想逃避是不可能的。

没有什么东西不会变

时时刻刻都在变，
家庭、身体、
财物、感情都会变，
包括我们的这些
觉受也都是无常的。
没有什么是可靠的，
别执著这些。
不论任何时候，
心都要保持稳定，
保持平静。

佛讲过，其实万物的本性都在不断变化之中，好也会变，坏也会变，感情会变，事物也会变，变是常态，如果我们心中没有准备，外境突然变了，就会烦恼痛苦不断。

但当我们懂得了万事无常的道理，那不管感受到什么，面对什么，就觉得一切都是应该的，没有不应该的；不管发生什么，都是正常的，没有不正常的。因为诸法的本性就是这样——变化的、无常的、虚假的。在这个世界上，唯一不变的就是变！

所以，在生活、工作中，对什么事都一定要看淡，都不要太当真，不要太执著，因为这都不会长久，有一天肯定会变。

以这样的心态去面对，烦恼、痛苦就会消除。

然而我们很多人在生活中并非如此，常常把假当成真，把苦当成乐，把无常当成恒常，然后去执著。面对顺境，大喜过望。境况一变，又大失所望；已有的一些好处怕失去，没得到的怕得不到，总是在这样的状态中患得患失，这一切都缘于我们不明白诸法无常这个真理。

不管在何处，不管在什么样的情况下，该得到的一定会得到，该失去的一定会失去。有的人心里很矛盾：这个工作对我不合适，我想换个工作，换了又怕不好。换也不踏实，不换也不踏实，心里总是犹豫。

请记住，没有必要这样。“命里有时终须有，命里无时莫强求”。一切随缘而做，才是真正的自在。

不要假戏真做

人的一生就是一场戏，
但是演戏的时候你要认真，
不能放弃。
在演戏的过程中不能糊涂，
不能把这些当真，
不能执著。
要认真不能执著；
要放下不能放弃。

现在，很多人一说“不能执著”，就不认真了，一说“放下”，就都放弃了，这是不对的。

你真正能放下一切了，能随缘了，这才叫念佛。要知道，放下是解脱，放弃是罪过，这些一定要在日常的工作、生活中分清楚。

人的一生就是一场戏，但是演戏的时候你要认真，不能放弃。在演戏的过程中不能糊涂，不能把这些当真，不能执著。要认真不能执著；要放下不能放弃。

佛讲：万事万物是无常的，都在刹那当中生灭，在刹那当中变化。现代科学研究成果也揭示出物质在产生的同时就开始变化，开始泯灭，只是在外表上看不出来。我们经常讲“了了分明，如如不动”。了了分明是对一切事实真相真理一清二楚，了然于心；如如不动是心不会随着这些境动，不受任何影响。顺境中不欢喜，逆境中不悲伤，始终是一个平和心态。如如不动的同时了了分明，了了分明的同时如如不动。

所有的人事物都一样，有好就有坏，人与人之间也是如此。他人对你好，喜欢你，帮助你，若你因此而沾沾自喜，这叫动心；他人对你不好，不喜欢你，也不帮助你，若你因此而心烦意乱，这也叫动心。其实，好不可能永远好，坏也不可能永远坏，这就是无常，无一例外，没有什么可大惊小怪的。

人会变，事会变，物也会变，一切都在刹那当中变。都不是真有实有的，都是如幻如梦，没有什么可靠的。这是自然规律，很正常。事实真相就是这样，所以不要执著所谓的好坏。无论对你是否有感情，是否有帮助，都能心平气和地接受，能保持这样一个心态，叫如如不动。

变化是很正常的，你的心不随他动，不随他变，这就是修行。

发生任何事都是应该的

在生活中发生
任何事都是应该的，
就如同照镜子。
在镜子面前照柱子
镜子里就显示柱子，
照人就显示人……
这都是因缘，
都是自己造的。

生活中的苦辣酸甜不少，但办法总比问题多，因为我们有佛法。

脆弱的肉体，有病正常；无常的人生，有事正常。这都是自然现象，没什么可怕的，你明白了这个道理也就开悟了。

有修行的人是勇敢的人，面对变故依然镇定，处理事情时依旧周密妥当。而凡夫往往遇到事情总是手忙脚乱，不知所措。

在生活中，我们的身体、利益可能会受到侵害，但我们的心不能被侵害。如果你的心没有动，什么事都伤害不到你，干扰不了你。其实，佛法就是教你修一颗如如不动的心，这是最好的铠甲！

发生任何事都是应该的，就如同照镜子。在镜子面前照柱子镜子里就显示柱子，照人就显示人……这都是因缘。境缘无美丑，美丑在人心。如果你有这样的见解，外境就伤害不到你。

前段时间，一位居士的车子被人偷走了，她不仅没生烦恼，还认为这是还债，心里很轻松。这就是有修行的表现！

一切都会过去

一切都会过去，别害怕。
人都会害怕，担心身体、
担心家庭、担心工作，
越担心越有事，
不担心不会有事。
但是从心里放下很难，
人都这样，不肯放下。

在生命中，不管遇到什么境界都不能执著，不要在乎。遇到顺境的时候高兴得不得了，遇到逆境的时候伤心得不得了，不要这样，这都是暂时的，都会变，一切都会过去，没有什么可靠的、恒常的。

什么叫不动心？什么也不知道，什么也听不见，什么也看不见，什么也想不到，这不叫不动心，也不叫成就，这叫傻子！任何时候都明明了了，都能听得见，都能看得见，都能想得到，但是都不在乎、不执著、不当真，知道这都是假的，都会变的。

不执著就没有烦恼，没有烦恼就没有痛苦。遇见顺境也不执著顺境、不欢喜，遇见逆境也不执著逆境、不痛苦，这才是如如不动的心。

在顺境中积福，逆境中消业

佛法里说过，处处都是好处，人人都是好人，事事都是好事。更进一步讲，处处都是净土，人人都是佛菩萨，事事都是清净的、吉祥的。

很多人在享受福报的同时，其实也是在消耗福报。若是我们有智慧，就可以把平常的吃穿住行都变成修行，在享受福报的同时，不但不消耗福报，还能积累福报！

逆境是最殊胜的消业的机会。我们为什么要逃避呢？为什么不敢面对呢？对一个真正的修行者来说，这是千载难逢的机会。有磨难、坎坷、挫折是好事。从世间的角度来说，这是你成功的基础和助缘；从修行的角度来讲，这是帮你消业、还债的机会。

什么是真正的善知识？能指出你毛病、缺点的人。什么是佛法？能改正你的错误、过失、习气的方法。

他人欺骗了你，这是因果。你可以将这些恶果转为善因。逆境顺境、恶缘善缘都是好事。

显宗里讲，处处都是好处，人人都是好人，事事都是好事。密宗里更是强调五种圆满，处处都是净土，人人都是佛菩萨，事事都是清净的、吉祥的。

如果你有这么高的见解和智慧，就可以在顺境中积福，在逆境中消业。

顺境和逆境，如同人的双足，只有靠两只脚才能到达目的地，靠一只脚会举步维艰。而我们现在总一味地追求顺境，总想逃避逆境。顺利了就高兴，不顺利了就不高兴。

无论是遇到顺境逆境，遇到好事坏事，都要平等地对待。如果分别、执著了，就会被境界所伤害。任何时候都要有一个坚定的信念，这样我们很容易就能成功。所以问题还是出在自己身上，要从自身下手，不要总挑别人的毛病。别人给你制造的困难和逆境，你应该感激，不应该嗔恨。

若是没有生活上的坎坷，没有工作上的挫折，怎么能生起智慧呢？如果没有仇敌的伤害，怎么修忍辱呢？我们要将一切都观为清净、观为圆满，一切都要平等地对待。

佛讲平等，就是好事坏事平等，顺境逆境平等，无论如何都是好的。

毛病越来越少，运气才越来越好

能看出自己有毛病，这是一种觉悟；能改掉自己的毛病，这是一种成就。

我们很多人总感叹自己命不好、运气不好。总觉得自己活得累、从来都没有让自己满意过、知足过。实际上，我们完全可以改变自己的命运！怎么改变呢？不靠别人，改掉自己的毛病就行。

当毛病越来越少，运气就会越来越好。

要想改正自己的缺点，我们需要明白佛法里的道理，然后把佛法当镜子照自己，把佛法当秤称自己，这样才能知道自己身上的毛病在哪里。

能看出来自己有毛病，这是一种觉悟；能改掉自己的毛病，这是一种成就。

我们一定要好好观察一下自己：自己的身口意是在修行吗？看看我们自己：心胸那么狭窄，内心那么复杂；一会发火，一会生气；一会挑这个理，一会挑那个理；光说别人，不说自己；光看别人的毛病，不看自己的缺点。连佛法中所强调的团结和睦都没有做到，还能谈得上学佛修行吗？

改变自己，而不是去修正别人，自己好了，慢慢地才能修正别人。

华智仁波切说过：最好的上师、善知识，是能直接指出你毛病的人。有的人能看出来你有毛病，但是他不会说。第一，他不敢说，怕得罪你；第二，他不舍得说或者不愿意说。而我们的敌人能看出来、说出来，他不会客气。

其实，你所谓的敌人、仇人才是你的上师、善知识，才是你最大的恩人。他通过很多方式指出你的毛病，让你知道自己的缺点、毛病在哪，没有比这更好的窍诀了。在学习佛法、修持佛法的过程中，我们也能知道自己有很多的过错和缺点，这就是进步。你以前或许不知道自己有那么多过错，现在知道了，这叫正知正见，叫见性。你能在生活、工作当中改正自己的缺点，好好地工作、好好地过日子，这就是学佛修行的成就。

发现错误是开悟，
改正错误是成就；
发现了所有的错误叫彻悟，
改正了所有的错误叫圆满。

所谓的敌人、仇人才是我们真正的恩人

有人赞美你，帮助你，
你觉得非常得意，
其实这都是违缘、障碍；
有人批评你，
你心里不高兴了，
觉得受委屈，受伤害了，
其实这才是真正让你
成就的殊胜诀窍。

所谓的敌人、仇人才是我们真正的恩人——善知识。什么叫善知识？指出你的缺点，使你改正自己毛病的人！

当别人辱骂你、殴打你、诋毁你、欺骗你、伤害你的时候，你能心平气和、心甘情愿地承担，这才是真正的忍辱。如果只是在表面上没有反抗，但是心里还是很怨恨，很生气的话，还不算忍辱。

为什么我们所谓的敌人、仇人是我们的恩人？因为，我们基本看不出来自己的毛病，我们的亲朋好友虽然知道我们的缺点，但他们可能怕我们伤心，受到伤害，不愿意指出来，还继续随顺我们。

但是，我们的敌人、仇人会直接指出我们的毛病和缺点，而我们为了不让别人看不起自己，然后就去精进，结果就成就了。

他们伤害我们、欺骗我们，是帮我们消业，每逢这个时候，我们一定要忍住，绝不能生起嗔恨心。

另外，当别人指出我们的过失，诽谤我们、羞辱我们的时候，我们不但不能生起嗔恨心，不能恶口相向，反而要赞叹对方。为什么呢？

第一，对方说我们的过失，是帮我们消业，提醒我们改过，这是好事。能指出你毛病的人，才是你真正的善知识；能改正你毛病的方法，才是真正的窍诀。

若是你能利用这个机会反省、改正自己，就能积累无边的资粮。要知道，赞叹敌人的功德非常大，是积资净障最殊胜的方法。

第二，这时若是能把握好心态，是降伏我执最殊胜的方法。对方羞辱我们、诽谤我们，我们为什么无法接受？就是因为有我执，把“我”看得太重了，把“我”想得太好了。所以，利用这样的机会，把握住心态，就能快速地降伏我执。

第三，若是能将诽谤、侮辱转为道用，是一种最殊胜的成就。上师如意宝在世时，我们在喇荣修过这个法。当时喇荣在藏区以及世界初有名气的时候，有各种诽谤、羞辱。虽然我们也有驱除这些的修法，但上师说了，我们不修这个法，我们要把这些转为道用。于是我们就修了将羞辱、诽谤转为悉地的一种修法。结果，现在喇荣的盛名传遍了整个世界！

第四，这也是驱除魔力最殊胜的方法。青海果洛有一个大成就者，有很多人嫉妒他，给他施咒术。但是他说，他可以转为道用。这样，这些嫉妒等对他来说是一种护佑，而不是伤害。真正有修行的人，可以通过这些窍诀让一切变得有利，迅速成就、圆满。

有人赞美你，帮助你，你不要觉得非常得意，其实这都是违缘、障碍；有人批评你，你心里不要不高兴，不要觉得受委屈和伤害了，其实这才是真正让你成就的殊胜诀窍。

如果没有相聚，哪有分离呢

对我们而言，
发财了开心，破财了痛苦；
相聚了开心，分离了痛苦。
但是，如果没有发财，哪有破财呢？
如果没有相聚，哪有分离呢？
所以发财破财，相聚分离，
看似境遇不同，实际上都是平等的。

我们现在还没有解脱，也不知道解脱是何种状态，我们每天都在奔波忙碌，从小到大，从少到老，上学、工作、生活……但无论处在哪种环境中，都一样觉得烦恼痛苦。

佛在经中讲过，众生都一样，都不愿意感受烦恼痛苦，都想快乐幸福，但是不会种快乐的因，不会断痛苦的因，所得与所想的就是背道而驰的。

其实，无论你是穷困潦倒，还是腰缠万贯；无论你处在何种环境，是何种身份，同样可以开心、幸福。那些表面上看起来风光无限的很多官员、企业家、明星等人，其实，他们内心的烦恼与痛苦也是无法言喻的。

真正解脱不是要换身份、换环境，身份、环境和内心的快乐没有太大的关系。所谓解脱，是在任何时间、情况下，都可以开心快乐。因为真正开悟的时候，黄金和牛粪等同，明星在舞台上接受观众的掌声与鲜花，和乞丐在街上遭受人们的轻视和唾骂，没有任何区别。我们现在所认为的这些快乐，不是真正长久的，其实都是痛苦的因。

现在，对我们而言，发财了开心，破财了痛苦；相聚了开心，分离了痛苦。但是，如果没有发财，哪有破财呢？如果没有相聚，哪有分离呢？所以发财破财，相聚分离，看似境遇不同，实际上都是平等的。因为我们凡夫没有平等的心或者缺乏平等的智慧，所以当下所感受的这些，都是痛苦的因或果。

佛讲苦苦、变苦、行苦三大根本苦。苦苦就是苦上加苦；变苦是一切都在刹那刹那当中变；行苦是由于我们时刻都在愚痴、无明的状态中，所有的思想和行为都是痛苦的因或痛苦的果。其实，任何众生，任何时候都离不开这些苦，所以，要想真正地解脱，就要学佛修行。

学佛，就是要福慧圆满——福报圆满、智慧圆满。福报圆满主要指知足少欲。这样我们活在哪里都能称心如意，这才是真正的福。

学佛后可以不怕死

凡夫和成就者在面对
生老病死的时候，
心里的感受不一样：
一个是苦，一个是乐；
一个是折磨，一个是享受。

现在很多人都认为：学佛修行了，就应该不会生病、不会死、不能出事。一旦有病了、死了、家里出事了，就觉得学佛不管用，信心也退了。这都是不懂佛理。我们学佛修行的目的是了脱生死。了脱生死是什么意思？是了脱生死的苦。

有生就有死，有好就有坏，谁也超不出无常的本性。拘留孙佛是贤劫第一尊佛，拘那含牟尼佛是第二尊佛，迦叶佛是第三尊佛，他们都已经功德圆满、福德圆满了，示现成佛、辗转法轮，救度了无数的众生，但是现在都已趋入涅槃。释迦牟尼佛的教法尚存，然而现在也已经到了末法时期。佛的眷属们都有广大的神通，已经脱离了四大的损害，但是最后也都示现圆寂。还有很多大德高僧都是大成就者，也都入灭了。

每一个人都要面对生老病死这些现实。我们凡夫还没有从梦中醒过来，也没有认识到这些都是梦境，不知道这一切都是假的，所以就着急、上火、烦恼、痛苦。佛菩萨们是已经从梦中醒过来的人，能清醒地看待轮回，知道这些都是虚假的，如幻如梦的，所以他们一点点也不迷惑，不烦恼，不痛苦。

凡夫和成就者在面对生老病死的时候，心里的感受不一样：一个是苦，一个是乐；一个是折磨，一个是享受。痛苦和快乐不在形式和表面上，完全在内心。表面上、形式上有病了，但内心没有病，就不痛苦。死也是一样，内心没有对死的恐惧和恐怖感，死亡就是一种解脱、一种成就，也是一种无比的享受。佛、菩萨都有表面上的生老病死，但是都没有生老病死的苦。化身佛和报身佛都是为度众生而从法身中幻化出来的，生死都是一种表法。真正的大德高僧在形式上有生老病死，但是他们也都是在演戏。就像正在舞台上演戏的那些演员，他知道自己正在演戏，有爱恨交织的情节，有苦辣酸甜的表演，但是他心里没有爱也没有恨，没有痛苦和烦恼，内心是平静的。

对于一个真正有修行的人来说，他的内心没有生死的对立，没有好坏的对立，没有任何分别念，没有执著，所以特别轻松快乐，这叫解脱。不管是顺境，还是逆境，都是好事；不管是亲人，还是仇人，都是好人；不管是极乐世界，还是娑婆世界，都是好处。没有不好的事，没有不好的人，没有不清净的地方。我们现在学佛修行就是要学这些，修这些。

我们脱离不了无常的本性，但是我们能提前做好准备。面对生老病死和其他种种逆境、违缘的时候，我们都已经准备好了，我们会面对、会处理这些事情，不会有烦恼和痛苦。身体有病也没有痛苦，家里有事也不烦恼，临终也不害怕，这是一种境界，你达到那个境界的时候会明白的。

第贰章 人往低处走

我曾经说过：

『修行就是以智慧给自己创造美好的生活。无论是在生活中，还是在工作中；无论是看人，还是看事，都要学会换角度。这样，你最讨厌的人，也会变成最可爱的人；你最烦恼的事，也会变成最快乐的事。这就是修行。』

不能为了回报而付出

我们执著回报，然后去追求回报；
我们执著付出，然后不愿意付出，
这样我们永远得不到回报，
永远没有真正的付出。
真正的付出，是不求回报的付出；
真正的回报，是无穷无尽的回报。
不求回报的付出，
才能得到无穷无尽的回报。

我们经常说，发心重要，发心正确就行了。如果你有一个正确的发心，吃喝玩乐都是修持的方法，行住坐卧都是修行的过程。

我们要付出，但是不能为了回报而付出，这样我们不可能得到回报，即使得到了回报也是很微小的。

你想得到真正的回报，就别求回报；你为了回报，根本得不到回报。你不求回报，不是为了回报去付出，这样你才能得到真正的回报，这是无穷无尽的，不要也来，不要也有。

不管是名利还是财富，不管是健康还是长寿，都是这样。也许你想要的不是这些，但是它也来。就像你把火点燃了，暂时的利益就像灰，它自然而然就来。我们点火了，不是为了灰，但是灰自然就有。

人没有满足的时候，地位越高，越想要更高的；财富也是，越有越觉得穷，越没完没了地要！

我们执著回报，然后去追求回报；我们执著付出，然后不愿意付出，这样我们永远得不到回报，永远没有真正的付出。

你现在所认为的付出，根本不是什么付出，是一种还债！你所认为的回报，也根本不是什么回报，是一种欠债！

真正的付出是什么？是不要回报的付出。真正的回报是什么？是无穷无尽的回报。它不是求来的，是修来的。我们每个人都可以修功德，可以修福报，而且能修得圆满。

该了的缘一定要了完，该还的债一定要还清

该了的缘一定要了完，
该还的债一定要还清，
否则无法了脱生死之苦，
无法了脱轮回，
无法了脱痛苦和烦恼。

也许很多人都会想："我对儿女、对家人是真心实意的，一点私心都没有！"不可能！真心说起来容易，要做到却很难。"妄心不死，真心不活。"妄念没有断，哪来的真心？你没有放下自我，没有破除我执之前，不可能没有私心。也许只是自己还没有意识到，没有发现而已。

我们希望对方满意、高兴，希望对方理解自己，这就是分别、执著、妄想，这里没有真心。你对他再好，为他做的事情再多，也只是"冤冤相报何时了"，只是欠债、还债的过程而已，所以这个缘了不了。

想了缘，就要真心地对待一切事、一切物、一切人，也就

是看破放下，也就是自在随缘，无私地奉献付出。没有要求，不求回报。无论对方理解也好，不理解也好，高兴也好，不高兴也好，都这样做，这就是了债还债。如果你这样做，对方不可能不感动，不可能不感化。

有时候我们也为对方做一些事情，对他关心关心，但都是有要求、求回报的。达不到自己的要求，得不到如是的回报时，就没有动力了，还一肚子委屈，满脑子埋怨："我对他那么好，付出那么多，他还不理解我，还这样对待我。"你有这样的想法，就说明了你不是无私地奉献付出。其实，他有没有按你的要求做，有没有回报是另外一回事，这些跟你奉献付出没有关系。

没有要求，不求回报，才是坦荡。无论是什么样的结果，心里都是亮堂的；无论是什么样的结果，心里都是喜悦的。如果有私心杂念，最终的结果都是烦恼、痛苦；如果没有私心杂念，最终的结果不管是好，还是不好，都是快乐的、喜悦的。

我们经常讲了缘、了债、了生死。要达到这个目的，就要断除分别、妄想和执著，那个时候，我们才能了缘了债，才能了生死。

怨恨留沙滩，恩德刻心间

最好不要生起怨恨，
即使生起了怨恨，
也应该像写在沙滩上的字，
令它很快消失；
而任何时候都不能忘记别人的恩德，
就像刻在石头上的字，
经久不褪，历历在目。

曾经有两个人结伴去一个地方。一天两人发生了矛盾，甲被乙打了一巴掌，甲把这件事写在了沙滩上；过了几天甲掉进了河里，被乙救了起来，甲把这件事刻在了石头上。

乙不明白，就问甲。

甲回答说，最好不要生起怨恨，即使生起了怨恨，也应该像写在沙滩上的字，令它很快消失；而任何时候都不能忘记别人的恩德，就像刻在石头上的字，经久不褪，历历在目。因为任何时候，仇恨都是痛苦的因，感恩都是快乐的因。

我们不能计较他人对我们的伤害，要忆念他人给予我们的帮助与恩德。如果继续沉浸在他人对我们的伤害中，就无法获得暂时与究竟的快乐，只会感受痛苦。

痛苦是怎么来的？是执著他人对我们不好的地方，然后生起嗔恨心，不择手段地想报复他们。这种不清净的心念，不仅在当下使我们感受痛苦，还会导致我们继续造恶业，将来仍要感受恶果。这种记恨、报复的想法和行为都只会给我们带来更深切的烦恼和痛苦。所以我们要去掉嗔恨心。

快乐是怎么来的？如果去忆念众生对我们的帮助与恩德，我们的内心当下便是快乐的、清净的；如果我们进一步地想报答他们，这样做会给我们带来暂时与究竟的快乐。

一个是痛苦的因，一个是快乐的因。如果我们想获得快乐，不愿意感受痛苦，就要忘记怨仇，时刻忆念众生对我们的帮助和恩德，并且想着要去报答恩德，这样，才能断除痛苦的因，增长快乐的因。

当你把自己放在最低处时，实际上你在最高处

当你把自己放在最低处时，心如同广阔无垠的大地，无论是在上面行走还是盖房子，怎样都行。

人都有傲慢心，这是非常不好的习气。傲慢有两个特点：一个是看不到自己的缺点和毛病，另一个是看不到他人的优点和功德。

人与人之间发生的矛盾与冲突，内心深处的烦恼和痛苦，大部分都是由傲慢心导致的。有傲慢心的人一般在工作和生活中出现问题，就会向外找借口，从他人身上找原因，一肚子的烦恼、委屈。

有傲慢就没有功德，即使有功德也是微不足道的。在世间，有的人稍微有一点点成就就目中无人、趾高气扬，就像小溪里的水，流得快，声音也大；而真正有大成就的人，则像无

边无际的大海，宽广，深沉，寂静。

当你把自己放在最低处时，实际上你在最高处，因为你的智慧、德行在最高处；当你把自己放在最高处时，实际上你在最低处，因为你的智慧、德行降到了最低处。

当你把自己放在最低处时，心就如同广阔无垠的大地，无论是在上面行走，还是盖房子，怎样都行。具有这种心态的人才不会有傲慢。但是我们现在呢？这样可以，那样不可以；这个人好，那个人不好……总是这样分别、计较，这都是傲慢的表现。

有一份恭敬得一分利益

若是你有看不起的人，
说明你的慈悲心不够；
若是你有看不惯的事，
说明你的智慧不够。

现在这个年代，很多人都是装模作样，表面上看都很有礼貌，很尊重他人，实际上都是虚情假意。作为修行人不能这样，不管是在什么样的场合，在什么样的情况下，不管是对穷人还是对富人，不管是对高贵的人还是对低贱的人……都要恭敬谦和，友善真诚。

假如你有好人坏人、善人恶人的分别，这是自己的执著与烦恼。都是自心的显现，业力的成熟。

明白这个道理，你才会真正地恭敬他人，才能真正地为他人献爱心。这样，有一份恭敬得一分利益，献一份爱心得一分利益。

什么叫真正的恭敬？时时处处能把自己放在最低处，诚心诚意，发自内心地尊重他人，真心奉献。若是真正做到了，就能积累无量的功德与福德。

在世间的上师、领导、父母亲朋好友面前，我们也许能够做到恭敬，但在其他人面前就不一定了。这不是真正的恭敬！

如果不管与什么人交往，都能做到恭敬，这才是真正的恭敬。

很多人在街上遇到乞丐讨饭的时候，是什么心态？可能内心里想的是：他们是乞丐，在讨饭，自己最起码也比他们强。

还有不少修行人，面对那些经常造恶业的人，内心也经常自然而然地想：我修行再差，也比他们强。于是轻视他们，看不起他们。

若是你有看不起的人，说明你的慈悲心不够；若是你有看不惯的事，说明你的智慧不够。若是有圆满的智慧，你就会知道：处处都是好处，人人都是好人，事事都是好事！

不要随意评判别人，我们没有这个能力

善恶不在表面上、形式上，而是在心里。如果盲目地去判断别人，议论别人，评价别人，很容易造业。

佛法，就像面镜子，应该拿来照自己，不应该用来照别人。你认为的“好”，不一定是好；你认为的“不好”，不一定是不好。所以不要去找别人的毛病，不要去评判别人，我们没有这个能力。

因为你没有他心通，不知道他人的发心和动机，所以不知道他人是善人还是恶人，不知道他人所做的一切是善还是恶。

善恶不是在表面上、形式上，而是在心里。如果我们盲目地去判断别人，议论别人，评价别人，很容易造业。我们一生中经常就是这样造业的，而且还浑然不知。

很多人特别喜欢评价别人，评说他人做得对还是不对。这是人性最大的弱点，是宿世的业障，也是生生世世积累的恶习。

智慧是人和事之间磨练出来的。

你没有为人处事，

怎么能增长智慧呢？

『不赞不谤一切人』

『不赞不谤一切人』，
就是在不了解，
没有特殊意义的情况下，
不赞叹，也不诽谤任何众生。
这是我们做人应遵循的原则。

藏地有一句谚语：“贼和佛，无法能够了知在何处。”我们很难知道盗贼在何处，在表面上也看不出来；我们也不知道佛在何处，在人群里也很难辨认出来。佛菩萨为了度化猪、鸡、猫、狗、蟑螂、苍蝇、蚊子等众生，就会化现与它们相同的形象。若要度化人也是一样，可能会以男女老少，行善或造恶等各种形象出现，所以很难分辨。

不要轻易说别人的过患，说别人的是非。

现在，我们无法判断、知晓他人的内心，然后还说这个人如何、那个人如何……我每听到这些，都会发自内心地可怜这样的人。

在没有意义的情况下，佛也不可能轻易说别人。评判他人的是非、好坏、长短，对自己没有任何好处，得不到任何暂时或究竟的利益，为什么还要去说呢？

若是他人有功德，你再怎样诽谤他也没有用，他人不会因为你的诽谤而堕落；若是他人没有功德，你再怎样赞叹也没有用，他人也不会因为你的赞叹而上升。

华智仁波切对我们的忠告是“不赞不谤一切人”，就是在不了解，没有特殊意义的情况下，不赞叹，也不诽谤任何众生。这是我们做人应遵循的原则。

隐藏自己的功德本身就是一种功德

静坐常思己过，闲谈莫论人非。
我们不能看自己的功德，
要看自己的过失；
我们不能看他人的过失，
要看他人的功德。
这样才能慢慢地学到他人的功德，
进而将他人所有的功德
纳入自己的相续中。
最后，
自己所有的过失都能消失殆尽，
所有的功德都将日臻圆满。

《达摩祖师传》中，素有菩萨皇帝之称的梁武帝与达摩祖师研讨佛法。皇帝得意道："自朕登基以来，修佛寺、造佛像，抄写经卷，供养僧侣无数，敢问大师，朕有何功德？"祖师面无表情，淡然道："无功无德！"

为什么无功无德呢？功德毁坏的原因之一就是宣扬功德。在没有特殊意义的情况下宣说自己的功德，很容易毁损功德。所以，必须要隐秘自己的功德，在没有特殊意义的情况下不能宣说。

不仅仅是功德，即便是积累了一些善根、福德，或者做了一些好事、善事，也不能轻易宣说，一定要隐藏起来。

其实，凡夫的言行举止，包括每一个起心动念都是造业，我们所认为的功德也不一定是什么功德。自己有一点点功德，然后到处去宣说，这本身就是一种过失，别人也能看出来你内心的一些杂念，这都是不如法的。在没有特殊意义的情况下，一定要将自己的功德隐藏起来。隐藏功德，这本身就是一种功德。

静坐常思己过，闲谈莫论人非。我们不能看自己的功德，要看自己的过失；我们不能看他人的过失，要看他人的功德，这样才能慢慢地学到他人的功德，进而将他人所有的功德纳入自己的相续中。最后，自己所有的过失都能消失殆尽，所有的功德都将日臻圆满。

观察他人的过失本身就是一种过失

我们要训练自己去观察、发现、欣赏生活与他人美好善良的一面，然后将之变为一种习惯。这样才能在思想与行为上逐渐变得高尚与纯粹。

我无数次地说过，修行是修正自己错误的思想与行为。要将佛法当镜子，但只能照自己，不能照别人。但人性中有一个不好的习气就是我们习惯于将目光向外，去看他人的缺点与过失。

其实，无论我们自认为修行有多么好，依然有很多坏的习惯与习气。我们毕竟还是凡夫，所以无法确定自己所看到的在他人身上所显现的善与恶、对与错，到底是发自内心的，还是表面上的；是因缘果报还是业障烦恼。如果我们只是根据自己的标准与喜好，去妄加观察、评论、修正甚至指责他人的过失，是极容易造业的。

实际上，观察、评论他人的过失本身就是一种过失。

眼睛没有错，外境没有错，错的是我们的心。当我们能够看到他人的所谓的缺点与过失的时候，说明我们的心与行为已经不纯正了。这是我们自己的业障，就像在镜子中看到自己的脏脸一样。

所以我们要养成一种良好的品质，善于去观察、发现、欣赏生活与他人美好善良的一面，然后将之变为一种习惯。这样我们在思想与行为上才能逐渐变得高尚与纯粹，这样才能真正与佛法相应。

为什么你经常与周围的人格格不入

『横看成岭侧成峰，远近高低各不同。』每个人都有自己的想法，每个人都有自己的因缘和福报，不可能一样。你要求别人都和你一样，让他们按照你的观点去做，是不可能的。

很多时候我们真的应该反省自己，为什么总把自己看得特别重？为什么经常与周围的人格格不入？有的与家人合不来，有的与同事合不来……

原因就是把“我”看得太重了，总认为“我”的观点是对的，“我”的见解没有错，所以做人做事一定要照“我”的观点做，用“我”的想法去要求别人。

“横看成岭侧成峰，远近高低各不同。”每个人都有自己的想法，每个人都有自己的因缘，每个人都有自己的福报，不可能一样。你要求别人都和你一样，让他们按照你的观点去做，是不可能的。

站在你的立场是这样，站在他人的立场就不是这样了。每个人的根基、福报、因缘、想法都不同，所以不必强行要求别人合自己的意。

什么事想开了、想通了就是完美。心如如不动，没有被境转就行了。什么叫如如不动？就是你知道他人这样做是正常的，这样说也是正常的……怎样都是正常的。

各有各的业力，业力现前时很难避免。缘来则聚，缘尽则散，毫无执著，坦然面对，这才是自在。

把握适度，保持自在的心态

人有时候心气太高，很傲慢；
有时候又心气太低，很自卑。
而学佛修行的目的就是要
保持一个自在的心态：
既不能太高，也不能太低；
既不能骄傲，也不能自卑。
把握适度，不紧不松，
不高不低，这才是解脱的状态。

生活中，我们总是把握不住自己，比如，有一点功德、成就的时候就骄傲了，而遇到一点违缘、障碍的时候就开始抱怨、自卑。

我们一定要想办法对治傲慢。如何对治？每当我们取得一些成就时，就与那些大成就的人比较一下，这样就会发现自己的智慧和成就就如同一盏油灯而已，只能照亮眼前。如此一比，傲慢心自然就没有了。当你抱怨、自卑的时候，可以与那些暂时没有成就的人比较一下，相对而言，自己还算有一些成就，如此就又开始有自信了。

不能骄傲，也不能自卑，因为这两种心态对我们的危害都非常大。

高与低、骄傲与自卑这两者，最好都要观为空性。如果能以空性的智慧来摄持，就会彻底断除这些念头。如果你暂时达不到这样的境界，就用比较的方法，也可以消除傲慢与自卑。

任何时候都要保持适度，这就是人生成就的关键。

人与人之间相处不要太密切

我们有一句俗语：『一天的人应该是一生的人。』和睦相处的同时保持距离，才能长久。

人与人之间要融洽地相处，但是互相之间也要适度——保持距离，保持清净，保持稳重。无论是在单位，还是在家里，一般情况下不要相处得太密切。

很多人有这样的习性：刚开始亲密无间，吃穿住都在一起，不分彼此。但过了几天、几个月、几年，就出问题了，互相诽谤，互相伤害。还有一种人，跟什么人都合不来，这也不对。

今天高兴，明天不高兴；今天很热情，明天又很冷漠——不能这样，要处处保持稳重。我们有一句俗语："一天的人应该是一生的人。"和睦相处的同时保持距离，才能长久。

贪什么就是什么的奴才

为什么内心不自在呢？
被贪心束缚了，控制了，
你就不自由了。
怎么办？你不要贪。
你不贪、不动心的时候，
他就跟着你来。

如果你贪心，就会变成心的奴才。你贪人，就变成了人的奴才；你贪钱，就变成了钱的奴才；你贪地位，就变成了地位的奴才；你贪名誉，就变成了名誉的奴才，自己不得自在。

人为什么内心里没有快乐呢？就是因为内心没有获得自在。为什么内心不自在呢？因为被贪心束缚了、控制了，你就不自由了。那应该怎么办？你不要贪。你不贪、不动心的时候，他就跟着你来。你不去贪这个人，也许这个人就跟着你来了；你不去贪钱，钱就随着你来了；你不去贪地位，地位就随着你来了。这叫自在。

心自在了才有真正的快乐，心不自在不会有真正的快乐。你条件再好，生活水平再高也没有用，内心里也不会有真正的快乐。

一滴水也可以有大海的力量

佛曾说：
三千大千世界及须弥山都能衡量出大小，
但诚心随喜的功德却是无法衡量的。

随喜是一种特别殊胜的积累资粮的方法。当看到他人行善积德，修行上有进步了，学习上有进步了，生活各方面有好转了，我们要发自内心地高兴，诚心诚意地随喜，这样双方得到的善根、功德、福德是完全一样的。

从前有位胜光王，迎请世尊及其眷属，供养一切受用。当时有位行乞贫女得知国王这一善行后，生起了无上欢喜心。在回向功德时，世尊问国王："你愿将这些善根回向给自己，还是回向给比你福德更广大的人？"国王说："回向给福德更广大的人。"于是，世尊念了那位贫女的名字做回向。

国王做功德的时候，还有傲慢心、嫉妒心等诸多烦恼，而贫女诚心地随喜国王的功德，只有欢喜心，没有掺杂一丝烦恼，所以贫女做随喜的功德比国王做供养的功德更大。

有些人心中怀疑：为什么不费吹灰之力，只做随喜就可以获得那么大的功德呢？因为随喜是善心正念，它对治了嫉妒、嗔恨等烦恼，这是最大的善根，是特别殊胜的正念。好比一滴水虽然微不足道，但是当它融入大海中，就拥有了大海的力量。

当别人种善根、积福德的时候，我们不能有嫉妒心和其他的恶念，一定要生起欢喜心而随喜。众生有一点一滴的善根，我们都要发清净心而赞叹；平时听到、看到或想到他人的善根，我们都应当随喜。

佛曾说：三千大千世界及须弥山都能衡量出大小，但诚心随喜的功德却是无法衡量的。既然想学佛修行、想积累资粮，像这样的善巧方便，在轻松愉快之中就能获得福慧功德的方法，为什么不用呢？

第叁章

用因果『算命』最准

其实，早在两千五百多年前，
佛就给我们算过命了，
而且算得非常准确、高超。
佛给我们算的不只是今生今世，
还有过去世和未来世，
而且将解决问题、
改变命运的究竟方法都教给了我们。

什么叫实在人

真正实在的人，
他会要聪明，
但是他不要聪明；
他有欺骗人的手段，
但他不去欺骗。
明明了了而又实实在在，
才是真正的人，
才可以做佛。

我们在修行的过程中，要守住自己的身口意三门，只观己过，不论人非，无论别人怎样评价自己，都不要在乎。别人赞叹自己时，不要沾沾自喜；别人诽谤自己时，也不要自卑沮丧。

要知道，赞叹和诽谤都是不可避免的。众生形形色色，根基与缘分也是各种各样，所以他人对你的态度必然会各不相同：有的人看到你特别欢喜，有的人看到你特别讨厌。喜欢你的人，即使你没什么功德，他也会赞叹你；讨厌你的人，即使你没什么过失，他也会诽谤你。

爱时说好，恨时说坏，这是人的习气。别人赞叹自己的时候，明明知道他人说的不是事实，但还是情不自禁地高兴，这是愚痴。因此不要活在别人的眼光下，不要随着别人的口而动心，这才是有定力。

现在的人都特别虚伪，都在互相欺骗，而且已经习以为常了。外表装模作样，内心满是矛盾冲突，因此，感受到的都是痛苦压力，活得特别累。

因为害怕别人批评、指责，不敢明目张胆地做坏事，就在暗地里偷偷地做，还以为无人知晓。“若想人不知，除非己莫为”，掩耳盗铃只能是自欺欺人。你逃避不了，那些善神护法决不会饶你，肯定会指责你的过失，惩罚你。所以一定要实在一点。

如果只是不要聪明，不欺骗众生，却处于糊里糊涂的状态，那也不是实在，实实在在不是傻。

真正实在的人，他会要聪明，但是他不要；他有欺骗人的手段，但他不去欺骗。明明了了而又实实在在，才是真正的人。

在此基础上才可以学佛，做佛。如果连最起码的仁义道德和十善业都没有做到，连一般的好人都做不到，还想学佛做佛，简直是异想天开。

慧眼看因果

慈悲的佛陀已经把
三世因果的慧眼给了我们，
我们是否看得清楚，
看得明白，
看得真切呢？

很多人都想赚钱发财，但始终不能如愿以偿，依旧贫苦不堪，这是前世偷盗的果报。你要相信因果，诚心忏悔，才能消除贫穷的果报。

在家里、在单位……在任何地方，不求回报地付出钱财、智慧等，去做财布施、法布施、无畏布施，才会财源滚滚。舍得，舍得！有一颗舍心，才会得到你想要的。

做人不能随心所欲，总想占别人的便宜。什么事也不做，好像很有福报，这也是消耗福报。你让家人做事，自己不做，这是你在欠家人的，总有一天你要成千上万倍地还！

你若相信因果，就应该没有要求、尽心尽力地去付出。有的人也做了很多，但心里总是不平衡，总是抱怨，这样就不是真心，也是造业。只有心甘情愿地付出，才能消业积福。

很多人总是想说服别人，改变别人，但却没人听，没人信，没有威信，这是前世说妄语的果报；

很多人爱说话，但却没有威力，又造了很多口业，这是前世说绮语的果报；

有的人不管是在夫妻之间，母子之间，朋友之间，总会遭遇一些流言蜚语，这是前世说离间语的果报。

这都是自己的因果，你想改变这种状况，就要多忏悔，真心改过，然后多说实在语，多说悦耳语，多念诵经咒，别再说谎欺骗他人，这样才能转变因果，才能解决问题。

很多夫妻之间不和睦，离也离不了，过也过不下去，总是吵吵闹闹的，双方互不关心，已经没有真正的感情了，这种现象特别普遍。邪淫的果报就是这样：夫妻不和，彼此成为冤家，互相伤害，哪怕是互相看一眼，心里都不舒服。今天去这里求，明天跑那里算，都解决不了问题。所以，一定要从心里忏悔，然后多受持戒律，这样才能改变现状。

慈悲的佛陀已经把三世因果的慧眼给了我们，我们是否看得清楚，看得真切呢？

出口莫伤人

不说恶语，
多说悦耳语，
说别人喜欢听的，
令人高兴的话，
这样自己生生世世
也能得到好的果报，
这多好啊！

什么叫恶语？恶口骂人，说别人的坏处、缺点、毛病；说别人不爱听的话，不悦耳的话；通过各种方式对不健全的人说他的短处，称呼“聋子”“瞎子”“矮子”“胖子”，让他人伤心，生气，心情不愉快，这些都是恶语。

恶语的罪过非常严重。因为人只要生起一刹那的嗔恨心，就会摧毁所有的功德、福德和善根。你让他伤心，让他生气，他就会毁坏这些，这等于你毁坏了这一切！这个罪过非常严重。

有的人说，“我是为了他好。”如果你真是为了他好，那你得观察一下，你有没有调伏他的能力？你们之间有没有这个缘分？如果没有，你不但不能让他改正，反而让他生气，让他烦恼。

如果你明明知道这样做了以后是这个结果，你还要这样做，那就有一定的罪过了，而且你发心也不正确！

什么是正确的发心？发心完全是清净的，不为自己，只为他人。之前你明明知道对方不能接受，你也明明知道自己没有这个能力，你们之间也没有这个缘分，你还说他的缺点，还找借口说是为他好，你这样的发心已经不清净了，你将来要感受果报。

在因果面前，谁也装不了，谁也躲不了。因果就像个秤一样，都给称得好好的，一点点也不会有差错。所以说话一定要注意，不要轻易伤害别人。

有人认为顺口说他人几句坏话，看着也没有什么大不了似的，但是因果报应丝毫不爽，你将来可能要感受极大的痛苦。

有一位比丘尼曾经骂另外一位比丘尼为“母狗”，结果她在未来五百世当中转生为母狗。轻易说一句话，对自己来说也没有任何意义，但就要承担这样严重的后果。

一定要注意！不说恶语，多说悦耳语，说别人喜欢听的，令人高兴的话，这样自己生生世世也能得到好的果报，能听到好听的话，不会有人对你恶语，时刻都会有人让你心情愉快，让你快乐，多好啊！

你会给自己『算命』吗

我们没有必要去找算命先生，
也没有必要再去找其他
解决问题的方法。
因果才是最究竟的算命，
断恶行善才是最究竟的
改变命运的方法。

在现实生活中，有些人身体不舒服了，遇到些不顺心的事情了，或是有些不好的感觉了，往往求助于仙家、算命先生，希望他们能够“指点迷津”。他们也趁机附和：“你的身上有鬼，家里有不清净的东西……”

听他们装模作样地如此一说，有些人开始生烦恼、起邪见了，心魔一起，外魔也随之显现：“是啊，昨天晚上我没睡好觉，好像窗户上有什么东西。”“你说的对，我经常梦见家里已过世的某位祖先，我现在该怎么办呢？”

这时，他们就会开始对你施以骗术。等几天之后你幡然醒悟时，骗子早已拿了钱溜之大吉，纵使你捶胸顿足，也悔之晚矣！

其实，早在两千五百多年前，佛就给我们算过命了，而且算得非常准确、高超。佛给我们算的不只是今生今世，还有过去世和未来世，而且将解决问题、改变命运的究竟方法都教给了我们。比如，短命多病是前世杀生的果报，想改变这样的命运就要戒杀放生；夫妻不和是前世邪淫的果报，想改变此命运就要护持戒律。

所以，我们没有必要去找算命先生，也没有必要再去找其他解决问题的方法。因果才是最究竟的算命，断恶行善才是最究竟的改变命运的方法。

命好不好，因果说了算

你的发心动机是恶，
你所做的一切都是恶，
别人怎么赞叹，都没有用；
你的发心动机是善，
你所做的一切都是善，
别人怎么诽谤，也没有事。

在现实生活中，我们每个人都应该有自己为人处事的标准。这个标准就是因果正见！

今天有感情，结婚了；明天就没感情了，离婚了。今天爱得死去活来，是亲人；明天又恨得咬牙切齿，成仇人了。这都是无常的，像演戏一样。无论是好还是坏，我们都不能当真。如果我们当真了——或生起了贪心，或生起了嗔恨心，受伤的是自己。

与人相处，不要太在乎别人的脸色、面孔，不要活在别人的唇舌下。因为这些是最不可靠的。也许现在他笑容可掬，没过几分钟就冷若冰霜了。

也不要太在意别人对自己的评价或议论，这也是不可靠的。很多人都是当面一套，背后一套；嘴上一套，心里一套。

凡夫往往不是依事实说话，而是凭感觉。他高兴了就会赞叹你，而且特别夸张；他生气了就会诽谤你，也特别夸张。其实，没必要被这些所左右。如果你本身确实不好，别人再怎样赞叹你，你也不会因此而变好；如果你本身确实好，别人再怎样诽谤你，你也不会因此而变坏。

如果你真的看透了，看明白了，自然就不会在乎这些了，主要是把握住自己，心地纯正、内心清净就行了。内心清净了，即使所有的众生都来污染你，你也不会被染污。

我们要做到表里如一、心口一致、心行一致，才能问心无愧。如果阳奉阴违、口是心非，最终吃亏的是自己。善事是给自己做的，恶业也是给自己造的，如是因如是果。你做善事了，不可能别人得到善果；你造恶业了，不可能别人得到恶果。自作自受，所有的一切都将由自己承担。

世上从不会有无缘无故的事

当你深信了因果，
并且懂得了因果报应丝毫不爽之后，
才会心平气和地面对人生，
才会无怨无悔地付出，
尽心尽力、心甘情愿地做事。

世上从不会有无缘无故的事。很多人都想不开："我为他付出了那么多，做了那么多事，怎么没有回报呢？"你这样付出是还债。你没有得到回报，是因为你没有真正地付出。你表面上为他付出，实际上还是为了自己的利益。

为人处事也是一样。有人喜欢你，你心里就高兴；有人讨厌你，心里就不舒服了。其实，喜欢和讨厌是相对的，有喜欢就有讨厌。每个人的因缘不同，不可能每个人都喜欢你，也不可能每个人都讨厌你。

如果你喜欢一个人，他却不喜欢你，你也应该明白，这不是无缘无故的，也许是前世他喜欢你，而你讨厌他，这是你们之间的因果。有欠有还，不必烦恼。如果你心里想不通，继而烦恼痛苦，这就是不相信因果，没有修行，没有达到开悟证悟的境界。

当你深信了因果，并且懂得了因果报应丝毫不爽之后，才会心平气和地面对人生，才会无怨无悔地付出，尽心尽力、心甘情愿地做事，这样才能慢慢了缘，才能互不相欠，才能解脱。

通过修行，最好能超越因果，最起码也要转变因果。转变因果就是彻底断恶行善，这样在现实中存在的各种问题才能得以解决，自己的生活才能有所转变。

如果你开悟、证悟了，真正了知并且体会到万事万物，山河大地，一切都是无常的，都是空性的，都是如幻如梦的，有这样的见解与智慧，继而不再疑惑、执著，这样才是超越因果，身受心不受。

当你真正明白并且深信了这些道理，你一定会想得开、想得通，一切释然，这就是开悟；你用心去落实了、做到了，这就是解脱。

你是怕因还是怕果

有智慧的人，怕造恶业，不怕感受果报。没有智慧的人，怕感受果报，不怕种恶因。

遇到一种障碍，能增加一种智慧；遇到一种违缘，能提升一个层次。

比如说今天生病了，不要把它看成是生病，而是去病。为什么这样讲呢？因为如果没有过去种的因，今天不可能生这种病。这些病本来就在身上存在的，今天缘分成熟了，病显现了，也可以说是业力现前了。

我们造下业因，叫“生病”；今天受到报应了，叫“去病”。有智慧的人，怕造恶业，不怕感受果报。没有智慧的人，怕感受果报，不怕种恶因。种这个因了，将来肯定要受这个果；现在受的这个果，是你以前种过因，这是消业还债，也是去病去魔，是好事！

但是我们这些凡夫，种恶因的时候不害怕，受恶报的时候害怕，这是颠倒的。生病了不可怕，如果你真有修行，这就是诀窍啊！

第一，今天发现有病了，说明你造的业还没有消净，欠的债还没有还完，你要忏悔往昔所做的所有的恶业，通过忏悔，这些恶业都可以消尽，业消了果就没有了，病就好了。

第二，生病肯定也与冤亲债主有关系，还债的机会来了，你不应该害怕，应该面对，对那些冤亲债主要多发慈悲心，让他们满意，这样债就还了。

第三，修行的机会来了，你可以利用这个机会，修自轻他重菩提心、自他相换菩提心，希望自己能承担众生的病痛。通过这样的修法能消业积福，能还债，还能提高自己的修行层次，这是好事！

但是如果我们不懂这些道理，患了病就心慌意乱："怎么办啊？"这样又造业了。这是自己的因果，你不相信因果，就是邪知邪见。

怕自己身上有东西，怕其他众生干扰，就去找人算命。算命的人说你身上有何种东西，命里有什么坎坷……这样，你对冤亲债主又增加了怨恨，又增加了恶业；为了营养去杀生，去吃一些不净的东西，又造了杀业。自认为很有福报，岂不知"福所居兮祸所依"，新的一轮因果循环又开始了……

冤冤相报何时了

属于别人的永远都是别人的，
属于自己的永远都是自己的，
谁也不可能欠谁，
欠也得还。
没有永远欠的，
也没有永远还的。

今生他欠你，来世他还你。今世你欠他，来世你还他。互相欠，互相还，这叫轮回。我们所说的，“冤冤相报，没完没了”就是这个意思。

“我在家里什么也不用干，让他伺候我。他给我做饭，洗衣服，我什么也不管。”看着似乎挺有能耐，挺有本事。你现在美得不得了，以后要承担后果的时候，你就会哭得不得了。你欠人家，总有一天要还给人家。哪有无缘无故欠的，哪有随随便便占便宜的？早晚都要还。

现在我们做任何事情的时候，都是求回报的。为他人做一件事，没有得到表扬或者回报，心里就想，“我对他这么好，

都是凡夫，都是人，谁没有错？
但是你不承认错误，不改正错误，
这是错误，错上加错，大错特错！

为他付出了那么多，但是他还不理解，以后再也不理他了。”

这种念头，这种心态就是自私自利的。没有受到赞叹，没有得到好处，心里就开始埋怨。这是错误的，不要这样。

我们能多做就多做，别懒惰。人都这样，总是想占便宜。比如在家里要出去扔个垃圾，这么简单的事儿，你还总是在一边看着，让别人做。多付出，多做点，没有事，一定会有回报的。

不管是为了大家，还是为了一两个人；不管是为了亲人，还是为了其他人，都一样，付出是不会有浪费的，早晚有回报。你不用想回报，回报自然而然就有。

菩萨畏因，凡夫畏果。菩萨不怕感受果报，就怕种因造业。造业了以后要承受果报。现在报应了是好事，机会来了，一忏悔，念一转就行了。凡夫与菩萨相反，总是想占便宜，想得到好处；不怕造业，就怕感受报应。但是怕也没有用，也得感受。

通过修行，第一可以转变因果，第二可以超越因果。有的人总是问，“上师，我身体不好怎么办？”“上师，我家里总是不好怎么办？”没有其他办法，我已经都说完了。你能不能好好修行而超越因果？或者你能不能断恶行善而转变因果？这两点你都没有做到，就别再问我。如果这两点你都没有做到，你就要面对，要承担，别的没有办法。

每一个起心动念都会造业

只要发清净心，
无论做什么事都是善事。
所以，
一定要把这颗心放平、放正。
心放平了，一切都风平浪静；
心放正了，一切都一帆风顺。

人都是一样，谁都不愿意感受痛苦。如果不想感受，那就不要造业。造业了就有因，有因就有果，就一定要承受果报。

我们凡夫不怕造恶业，就怕感受恶报。有修行的大德高僧、佛菩萨怕造恶业，不怕感受果报，因为不造恶业就不用感受恶报了，所以他们特别注意，轻易不会造业。

很多人现在都害怕，怕有病，怕生活不顺利……如果真害怕就别造恶业，别贪心，否则一切一切都是痛苦。

家家都有难念的经，任何人都有苦恼的事，没有这种还有那种。别看都装得好好的，其实心里都有事，无论再有权、再有钱、地位再高、势力再强的人，一样有烦恼。

现在的人大都只看眼前，只考虑暂时的利益。为什么？因为不相信因果，不相信轮回。

我们现在天天都在造业。因为每一个起心动念都会造业！

因贪心、嗔恨心所做的一切，都是在造恶业；在愚痴的状态中——你不明理、没有明心见性之前就是愚痴状态，无论做什么都是恶事。这么一说，你怎么没有造恶业呢？

只要发清净心，无论做什么事都是善事。主要是心，一定要把这颗心放平、放正。心放平了，一切都风平浪静；心放正了，一切都一帆风顺。

换位思考就不会有委屈了

如果你能修好利他心，
站在他人的角度想问题，
换位思考，
就可以没有烦恼、
痛苦，也就没有委屈了。

我们总是觉得自己很委屈，在家里受委屈，在单位也受委屈。什么时候才能没有委屈呢？你觉得自己委屈、烦恼、痛苦的时候，应该去仔细观察，这是什么原因呢？因为你没有利他心，因为你不会圆融他人。你自私自利，他也自私自利，这样你们相互之间肯定不会和睦。

如果我们真正有了利他心，暂时的利益和究竟的功德就都有了。怎样做才是修利他心呢？

修利他心，就是让你换角度思考，把自己放在他人的位置上思维。他那样说，那样做，肯定有他自己的理由——其实他和你一样，也认为自己才是正确的。

我们就是这样，总是互相争。谁暂时弱，谁就失败，处下风；谁暂时强，谁就胜利，占上风。处于下风的那个人就会觉得受委屈了，心不甘，情不愿，但又没有办法，只得随顺对方。

其实，如果我们能够修利他心，站在他人的角度想问题，换位思考，就没有烦恼、痛苦，也就没有委屈了。

占便宜是在透支自己的福报

我们要珍惜财物，节约资源，
在任何地方都不应该乱花乱用。
福报是积累来的，
我们要积福，不能消福。
如果福报消尽了，
以后就要感受痛苦。

现今社会，占用、浪费、挥霍公家和单位财物的现象时有发生，其实这个罪过特别严重，因为这都是消耗自己的福报。

有些人觉得这些财物是别人的、老板的或是国家的，就不珍惜了。殊不知你能有使用这些资源的机会，就是你自己积来的福报。但如果你不懂这些道理，以为占了别人便宜，实际上是在损害自己的福报。

珍惜财物，节约资源，是每一个普通人都能做到，都应该做到的。在任何地方都不应该乱花乱用。福报是积累来的，我们要积福，不能消福。如果福报消尽了，以后就要感受痛苦。

“我有机会拿国家、单位的财物了，我一定要抓住这个机会，多拿一些。”这是在造恶业啊！如果你这么做能得到长久的快乐也可以，但是根本不可能。你的福报很快就会消尽。

现在的富有只是几年、几十年的事，以后的日子还长着呢。

在网络上偷东西也是造恶

有佛就有魔，
哪里有吉祥，
哪里就有不吉祥，
所以一定要把握自己，
谨慎取舍。

现在很多年轻人通过网络闻思佛法，也懂得了一些佛理，但是心还是很散乱，往往学修一会儿，就转而去聊天、玩游戏、看小说、逛商城……时间就这样流逝过去了。虽然你没有出去游玩，但是你在网络上闲逛，同样是浪费时间，浪费生命。

时间是不等人的，你用一分钟时间做其他的事情，时间就过去了一分钟，你就浪费了一分钟的生命。

有人问："在网络上偷东西没有关系吧？"在网络上偷东西怎么没关系呢？这不也是有盗心吗？有这样的发心，本身就是一种恶。在心中种下了一个恶的种子，串习了不好的念头，就是造业。所以在网络上更要注意！

在虚拟世界，一样可以购物、唱歌、跳舞、聊天、玩游戏，但同样可以散乱、放逸、造业！

在网络上求法容易，积累善根也容易；结恶缘容易，造恶业也容易！利用高科技手段造恶业、结恶缘非常迅速，其力量也非常不可思议。

有佛就有魔，哪里有吉祥，哪里就有不吉祥，所以一定要把握自己，谨慎取舍。否则，不管在哪里造业，果报都是躲不掉的。

怎样做才能万事如愿

若是有好的因缘和福德，
在哪里工作、生活都可以，
不然即使换个单位、
换个伴侣也一样，
不可能从恶缘中解脱，
因为这是自己的因果。

“若问前世因，今生受者是；欲问来世果，今生作者是。”有的人在家里、在单位遇到了很多不如意的事，在生活中也遇到了很多恶缘，要知道这些都是自己往昔造的恶业，现在果报成熟了。

如何解决这些问题呢？既然往昔造的恶业是因，就要从因地入手，真心地忏悔这些恶业。业消掉了，因就结束了，果也就没有了。就像火和烟，火熄灭了，烟自然就消失了。

菩萨畏因，凡夫畏果。世间人往往只考虑眼前的果报，没有考虑到产生这些恶果的因缘，更没有为过去所造的恶业忏悔，这样是解决不了根本问题的。

现在有的人是这种状态:“这里不行，我应该换个单位。”“和这个人在一起生活不幸福，我应该换个伴侣。”有些人问:“我是换个单位好，还是不换好?”这主要看你自己的因缘和福德。若是有好的因缘和福德，在哪里工作、生活都可以，不然即使换个单位、换个伴侣也一样，不可能从恶缘中解脱，因为这是自己的因果。

如果想结束不好的因缘或果报，就要把心安稳下来，去忏悔、去消业，这些不好的因缘与果报自然就会消失。如果你想得到一些暂时或究竟的利益，就多做善事，多积功德，终有一日会如愿以偿。

一切都怨自己

种瓜得瓜，
种豆得豆。
你做善事了，
就会得到善果；
你造恶业了，
就会感受恶果。

人有各种愿望、欲望，且都想要去实现，但很多时候却事与愿违。其实改变命运并非天方夜谭，当你真正掌握了正确的方法，就能心想事成。否则只会陷入愚痴颠倒的泥潭，离自己的目标愈行愈远。

“心态决定命运”，命运掌握在自己手中，你可否懂得这句话里的甚深智慧呢?

命运是可以改变的，但是改变命运要靠自己，不是要靠别人。有的教派讲，命运是天生注定的，不能改变；有的教派讲，命运是可以改变的，但是必须要依靠外在的神。然而，伟大的佛陀并不承认这些观点。

佛陀讲，自己才是自己的怙主，自己才是自己命运的主宰。很多人都认为自己很善良，从来不造恶业，也没有犯过错误。其实，我们所认为的善不一定是善，我们所认为的恶也不一定是恶，因为我们没有智慧。善恶的标准是什么，怎样取舍善恶，佛法里讲得非常清楚。

佛法就像一面镜子，用它好好地照自己，才能找出自己的毛病；佛法就像一杆秤，用它好好地称量自己，才能称出自己的重量。我们只有通过佛法来改正自己的缺点，才能改变自己的命运。佛讲“唯心所现，唯识所变”，都是因业力所现，因业力所感。一切都是自己造作的，自己的心改变了，一切都将改变。

如果我们深信因果和轮回，心胸就会豁然开朗，所有的一切你都会心甘情愿地接受。如是因如是果，没有人伤害你、欺骗你，没有人让你烦恼痛苦，都是自己曾经造作的，都是自己的因缘果报……

种瓜得瓜，种豆得豆。你做善事了，就会得到善果；你造恶业了，就会感受恶果。

既然懂了这些道理，你在感受恶果的时候，更不应该怨天尤人，而是要怨自己，往昔为什么要造这样的恶业？所以，知错改错非常重要。

忏悔就是知错改错的过程，你知道自己犯下的错误，并且对这些错误有深切的追悔之心，才能破坏相续中恶业种子的力量。你要发自内心地发誓发愿：从今以后，纵遇命难也不再犯这样的错误。这样才能转变因果，改变命运。

如何改变自己和亲人的命运

你和你的亲人之间有特殊的缘分。你的福报上来了，他们自然而然会幸福；你的智慧上来了，他们也自然而然会走运。

我们都希望家庭美满，期望孩子有好的前途，可是只靠想是解决不了问题的。

你应该从心里放下，但不要放弃，好好地修行，积累福报，增长智慧。你的福报上来了，他们自然而然会幸福；你的智慧上来了，他们也自然而然会走运。

虽说各有各的因、各遇各的缘、各受各的果，但是你和你的亲人之间有特殊的缘分，很容易相互影响。他们如果不好，必然会成为你的障碍；你自己修行好了，把障碍去除了，他们也会受到你的影响。

所以，如果真心为亲人着想，你就要好好地修行。

多做家务也是在消业积福

你要好好地照顾家人，
做饭、洗衣服、打扫卫生，
家里这些活都抢着干，
而且干好，
这都是消业积福！

其实，只要不是为了自己得到利益，而是为了有缘的众生，为了满足众生的需要，你去做任何事情都有功德。

你不念佛，不诵经也行，好好地照顾他们，做饭洗衣服打扫卫生，家里这些活都抢着干，而且干好，这都是消业积福！让他们干，这是消福造业，你这是欠人家的，欠了就得还。

有的人不愿意做家务，但是不做还不行，于是觉得自己受委屈了，挺难过的。这是前世你欠的，如今就要还。还有的人挺得意，“我不用干！”你这是在消耗福报，在欠债。欠债的时候好欠，还债的时候难还，你要加倍地还！

因果不会有浪费，不会有差错的。他干活的时候心里不舒服，但是不干还不行，这是他前世欠你的，正在还你；他还的同时，你正在欠他。

我们积累的这些债与业障，多得数也数不清。因果的力量不可思议，那怎么才能转变呢？我们要付出，但是别求回报。你的念转过来了，他也能转，相互都是真心的，这就不是欠了，是修。互相之间都不欠了，缘就了了。如果你的念不转过来，他也转不了，这样又是互相欠互相还，业障又增倍了。

我们应该用真心去感化他人。你心里没有丝毫自私自利的念头，一定能把他感动，这样他也会从心里服你，自然而然就会跟随你，这些逆缘就变成顺缘了。然后你们互相帮助，不管是母子还是夫妻，这样的关系都是清净的关系了，才能没有伤害，互相都能得到解脱。

利益孩子也要有智慧

儿孙自有儿孙福，
执著也没有用，
强求也没有用，
要保持一个平和的心态，
尽到自己的责任和义务就行了。

现在，有的父母对儿女特别牵挂执著，舍不得离开他们，其实，这是对他们的一种伤害。越溺爱，对他们越不利。儿孙自有儿孙福，执著也没有用，强求也没有用，要保持一个平和的心态，尽到自己的责任和义务就行了。

现在的父母存在的问题是：第一，不会调整自己的心态；第二，不会有智慧地为儿女做事。自己所做的一切对儿女不仅没有益，甚至还有害。之所以会这样，最重要的原因是没有放下这个“我”，这样你无论为他们做什么都不是真心的。你为儿女付出了很多，实际上都是为自己做的。因为你认为他（她）是“我的”儿子（女儿），如果没有这个“我”，你不会为他们这样做的。

其实，很多儿女都是冤家，是讨债来的，是让你痛苦烦恼的。我们曾经讲过这样一个故事，有一对夫妇，到年迈的时候才有个孩子，因而特别溺爱这个孩子。一天，有个罗汉路过他们家，他们供养了罗汉，然后那个罗汉说，你们有什么愿望，我可以满足你们。他们说没有别的愿望，只是希望晚年过得好。罗汉就问，你们家是不是有个孩子？让他们把孩子抱过来。罗汉接过孩子就把他扔进河里溺死了。夫妻俩痛不欲生，正要质问罗汉，忽然河里冒出一团黑烟，里面传来孩子说话的声音："我是你们的冤亲债主，特意托生为你们的孩子，就是为了让你们晚年不幸福不快乐。因为你们供养了罗汉，跟他结了善缘，所以我们的恶缘就了结了，你们可以幸福地过日子了。"

其实这些儿女冤家，都是自己以前造的业，现在你从中感受烦恼痛苦的果报，这都是自找的。你通过学佛修行，可以了缘了债，解决这些问题。除了佛法没有别的办法，否则你只能承担这些烦恼痛苦。

现在，孩子的学习压力都很大，不学还不行，学还学不好。为了让他考大学，为了他的前途，父母也特别操心。实际上，有文化的人，活得也不一定好；有的人没什么文化，活得也很好。

很多大老板都没有太高的文化，也没有什么技术，但就是有福报。福报是修来的，不是求来的，如理如法地去行善积德，福报自然而然就有。若是没有福报，再有学问，再有技术也不行，都是缘分和因果。“儿孙自有儿孙福”，每个人都有自己的因缘，命运都不一样。他现在学习不好，将来不一定一直不好；现在成绩好，将来不一定一帆风顺。

有个居士经常为孩子烦恼，我让他放下，他说自己什么都可以放下，就是放不下这个孩子。我说，你真放下了，他才能好；你放不下，他永远都好不了。

我说“现在的父母都变成儿女的魔鬼了”，有的人不爱听。不爱听也是这样，我讲的是道理。现在的父母跟亡鬼没有什么区别，只不过一个是活的，一个是死的而已。

让你放下，不是让你放弃。你照样可以关心他，照顾他，为他付出。看破不是什么也没有，放下不是什么也不要，这都是一种智慧！

该是你的就是你的

该得到的一定会得到，
不该得到的不会得到的；
该是你的就是你的，
不该是你的就不会是你的。
所以没有必要去执著。

我们经常处在这种状态中：未得到的东西非常想得到，已经得到的东西又害怕失去，这种患得患失也是一种痛苦。这是因为有贪心，有吝啬心，不敢舍弃。

其实，如果你不怕失去、不怕得不到，心里的这种障碍就放下了；放下的同时，就能够拥有了，就不用舍弃了。因为真正的福报不是说舍就可以舍掉的。该得到的一定会得到，不该得到的不会得到的；该是你的就是你的，不该是你的就不会是你的。现在你认为自己得到了，其实这些东西不一定是你的，也不一定属于你的福报，所以没有必要去执著现有的这些福报。

你懂得了因果，懂得了转变因果，心态自然就放下了。没有必要怕失去，怕得不到。

我们现在要做的是什么？就是尽量去种善根、结善缘。也许很多时候做不到，还会种下一些恶因，还会结下一些恶缘；但是我们尽量去忏悔，尽量去种善根、结善缘，这样才能改变命运。如是因，如是果，谁造谁受，又何必要患得患失、烦恼痛苦呢？

越放不下越有事

当我们遭遇任何事情时，
若真正了解了它的真相，
就不会在乎和动心了。
就像对白昼和黑夜的更迭现象，
我们太熟悉了，
所以黑夜的来临
从来不会影响我们的心。

我们心里总有挂碍，总有担忧，什么原因？执著！

其实，对好坏、善恶，都不能太执著。因为不管你执著什么，都会伤害到自己。有的人特别执著，什么都执著，连一句话也执著得不得了。你最执著的，就是对你伤害最大的，也是最能考验你的。它伤害你的时候，你如果能不动心、能放下它，你就算通过考验了。该遇到的时候，想躲也躲不开；该离开的时候，想留也留不住。这都是因缘果报，也都是缘起。所以，不要拒绝，也不要追求，顺其自然。

我们看魔术的时候都感觉特别神奇奥妙，谁也分辨不出来真假，实际上都是魔术师的把戏，很简单。我们的心就是个最高超的魔术师。一切一切都是心的变化。你真正弄明白了自己的心，真正见到了自己的本性，那个时候才能把握住自己的心，才能不动心。

米拉日巴在山洞里修行的时候，吃的是草，喝的是凉水，没有穿的衣服，身上长出了绿毛，根本看不出来是人还是鬼。但是，这些对米拉日巴来说无所谓。他能那么快乐，那么轻松，那么自在，因为他放下了，他能随缘。来，也不拒绝；去，也不惋惜。我们都有米拉日巴的精神就行了，不管在皇宫还是在山洞里，都能幸福快乐。重要的是心。

没有什么放不下的。你越放不下越有事，越担心越有事。一切随缘！活一天自在一天，活一天轻松一天，快快乐乐地活着，这就行了！

其实，当我们遭遇任何事情时，若真正了解了它的真相，就不会在乎和动心了。就像对白昼和黑夜的更迭现象，我们都太熟悉了，所以黑夜的来临从来不会影响我们的心。

放下才能得到，随缘才能顺利，这是佛说的话。有什么可放不下的？心里总是挂着、念着，能解决问题吗？过去的不能再回来，就让它过去；未来的就让它来，别迎接它，有什么缘就结什么果。

要知道，一切都是跟随你的因缘而来。你安不住这颗心，总是随着境界转、动，就会永远活得那么疲惫。

怎样走出厄运

我们现在所遭遇、感受的一切，都是因业力所现，因业力所感，都是自己的业。想改变这一切，就要发自内心地去忏悔。

人都害怕有病。有些人稍微有一点点头疼，就害怕了，就怀疑自己是不是得脑血栓了？稍微有点胃疼、肚子疼，就怀疑自己是不是患上绝症了？不要害怕！若是你真这么担心、害怕，那就忏悔、消业，这才是从根本上解决问题。若是到医院看病，可以将医院、医生、医疗手段视为佛的事业，也可以把这些视为加持品或者佛度化众生的一种方便。这本身就是一种修行，也是一种忏悔，也是一种正法。

有些人所拥有的受用很容易失去，总是处于贫困之中；有些人总想赚钱，却想尽办法也赚不到钱；有些人暂时赚到了一些钱，却很快失去，又变得一贫如洗……这是业力，是过去世中偷盗、欺骗他人的果报。若是想解决这个问题，就去忏悔，以后就不用再感受这种贫穷、破财的果报了。

有的人配偶懒惰、丑陋，夫妻关系也不和睦，整天闹离婚，离还离不了，不停地被折磨着，这是过去世中邪淫的果报。有的人去找算命的，问用什么办法能留住他。这都不是究竟的方法，究竟的方法是你应该忏悔自己过去世中造下的邪淫的恶业，并且下决心永不再造。

有的人经常遭受诽谤、欺骗，心里委屈、怨恨得不得了。“为什么无缘无故地诽谤、欺骗我？”有人诽谤你、欺骗你，总说你不爱听、让你生气的话，这都是自作自受，是你过去世中说过妄语、欺骗他人的果报，是自己的业力，没有什么可怨恨、可委屈的！要想从根本上解决，就要猛烈地忏悔自己往昔所造下的恶业，把这些业都忏悔掉了，果自然就结束了，就不会有人诽谤你或欺骗你了。

有的人即使说实话也得不到他人的信任，自己又怨恨，又委屈：“我说的都是实话，怎么不相信呢？”这都是自己的因果，也是业障。不会有人相信你的，因为你在过去世中说过离间语。若是再诽谤、欺骗他人，就是错上加错。想解决这个问题，摆脱这种局面，就要发自内心地忏悔。因结束了，果自然就结束了，再也不会有这种现象发生了。

我们经常在生活、工作中听到不好听的话，自己所做的或所说的，不知不觉地就有人挑理或引起争论等，然后自己想不通。这是往昔说恶语的果报，若是想解决，就要忏悔自己往昔恶口骂人等恶业，这是从根本上解决问题。

有些人一说话，别人就喜欢听，虽然话不多，但是有分量。有的人爱讲话，但是没有口才，说话没有分量，说了半天，别人也不喜欢听，也不相信，自己很委屈、很苦恼。这是绮语的果报。

很多人总有违缘、有障碍，事事不称心、不如意，总是事与愿违，这是贪心的果报。有些人在这里害怕，在那里也害怕；人少时害怕，人多时也害怕；在家里害怕，在外面也害怕。心一直处在恐怖和畏惧当中，经常遭受伤害，这是害心的果报。有些人很想有知识、有智慧、有正知正见，有正确的思想和概念，但是结果总相反，得到的却是邪知邪见等非理作意，这是邪见的果报。

我们现在所遭遇、感受的一切，都是因业力所现，因业力所感，都是自己的业。修行不离消业，不离忏悔。忏悔是发现自己今世和往昔所造的恶业，然后消除这些恶业。忏悔是改错，要有誓不再犯的决心。为什么佛讲八万四千法门？因为众生的根基不同，因缘不同，所以佛讲的方法也不同。但里面都有消业、忏悔的成分，都离不开消业和忏悔。

懂得忏悔的人，就是懂得改变因果、改变命运的人。改变心态、改变因果、改变命运、改变一切，都离不开忏悔，只有通过忏悔，最终才能彻底圆满。

第肆章 积财之道

观察一下自己有没有贪心？
如果有，就不能发财，
不会如意。
即使暂时发财了，
财富也不会稳定，
反而会给你带来更多的压力和痛苦，
这都是贪心的恶果。

福报只能修不能求

我们要随缘，有就有，
没有就没有，
自然来的才是真正的福报。
有多大的福报
就享受多大的福报，
不攀不求。

“顺其自然”这句话虽然很平常，但含义非常深。谁能做到？我们很多时候都找借口——“顺其自然吧！”这不是顺其自然，而是无可奈何。

其实，不去求、不去攀的时候，世间的名闻利养自然会来，想躲也躲不开。

我们的上师法王如意宝，他老人家一直在喇荣那个小山沟里，但是他的名气那么大，每天有很多人从世界各地赶来拜访他，他每天收到的供养数不胜数。这是为什么呢？因为这是修来的。

他这一生当中，没有跟别人要过一分钱，没有做过一秒钟的生意，但是钱就来了，都是自然来的。他不收，别人心里还不高兴。他收了以后也是上供下施，自己不留。

法王有成千上万的弟子，也不是特意收的，都是自己从全国各地来的，挡也挡不住。

真正的福报只能修不能求。良好的机缘成熟了，福报自然就来了；机缘不成熟，再求也没有用。求到的、追到的都是暂时的，只会给你带来痛苦与烦恼，不会给你带来真正的快乐和幸福。

世间的这些福报，是可以变成恒常的，不变的。为什么？这是一个信念，一个心态。若是你不去执著、攀缘，能够放下、随缘的话，你到哪里，世间的福报、名闻利养就追到哪里。

你心里舍掉了，但是你修来的这些东西是不会舍掉的，你到哪里，它就会跟到哪里。

圆满财富的方法

很多人一说做慈善、做布施，都认为是有钱人做的，这是错误的看法。其实，人人都可以做布施，人人都应该做布施。

现在很多人都把佛菩萨当成财神爷了，跑到佛像前点几支香，然后在佛像前求："我要发财，我要发财……"

实际上，佛菩萨在两千五百多年前就告诉过我们：你可以求我，虽然我不能让你直接发财，但是我可以教你发财的方法——做布施。

若是你真想发财，就要经常做布施。

有人问："做布施是不是要拿很多钱，拿几千或者几万啊？"若是你有条件，可以多拿一些钱财做布施；若是你没有条件，也可以少拿一些。比如：喂小鸟一把大米，这也属于财布施，这样做布施，功德与善根也特别大。

这是布施。这么简单，有什么做不到的呢？

你做不到，有两个原因：第一，没有意识到；第二，不相信。很多时候我们不知道布施的功德和利益。佛和上师都不止一次地讲过这些，但我们都没有深信，把积累福报的机会都错过了，多遗憾啊！

为什么我们财富不圆满？就是因为有贪着。心里有贪着时，即使有财富，也是一种障碍，一种束缚。正如龙树菩萨说的“积财、守财、失财都是苦”。

积累财富的过程是痛苦的。当有一天，你终于有钱了，你会日思夜想怎样守护这些财富，心理压力更大了，这也是一种痛苦。到人生的最后一刻，必须要舍下这些财富，那时你更加痛苦。

钱财并不是真正的财富，也不是真正的福，而是一种祸。因为，它带给你的始终是烦恼，是痛苦。

其实，内心的知足少欲才是真正的财富，知足了，少欲了，才是财富圆满。

做布施，就是从心里舍掉贪着，就是知足少欲。从普通的衣食住行的物品开始逐渐放下，再舍掉自己认为是珍贵的、稀有的东西，最后放下对自己身体、生命的贪恋，彻底断掉所有的贪着，这就是修布施。

很多人一说做慈善、做布施，都认为是有钱人做的，这是错误的看法。其实，人人都可以做布施，人人都应该做布施。佛在经中讲，若是你实在舍不掉，实在舍不得给别人，就先给自己，左手给右手，右手给左手。这样练习，慢慢地就能生出舍心。然后舍给父母，舍给儿女，舍给亲朋好友，最后再慢慢扩大到其他众生。

我们可以给小动物，如鱼、鸟、猫、狗等做布施。你给它们一点点吃的，发一个施舍之心，发一个慈悲之心，这也是布施，这也能具足、圆满财富。

佛菩萨已经教给你圆满财富的方法了，你还不去做，这都是你自己的损失。

点点滴滴行布施

你尽心尽力地帮助别人，
即使给人一个笑容，
让一个座位，
让一步路，也是布施。
功德、福德和善根
要靠一点一滴的积累，
才能趋入圆满。

有的人特别贪恋自己的身体、受用、善根，若想对治自己的贪心和吝啬心，这些统统都要做布施。无论是在家里，还是在单位，众生怎么对待自己都可以，多干一些，多付出一些，累一点也是应该的。能这么想，你心里的烦恼自然而然就没有了。

尽心尽力地帮助别人，即使给人一个笑容，让一个座位，让一步路，也是布施。处处都要修施舍心，心到位了，一切都到位。

布施要一点一滴地做、一步一步地来，如《贤愚经》云："莫想诸善微，无益而轻视，水滴若积聚，渐次满大器。"每天只积一滴水，通过不停地积累，再大的容器也会装满。功德、福德和善根也要靠一点一滴的积累，才能趋入圆满。

做布施要有好的发心

布施不是必须要拿很多钱财，
什么都可以用来做布施，
只要我们做布施的时候，
发一个慈悲心，
连我们认为不清净的东西
都可以用来做布施。

福报是修来的，功德是学来的。我们真正能懂得舍，真正能做布施，才能得到这些福报。否则，即使我们得到了一些暂时的利益，也会变成一种痛苦，一种压力，并不是什么真正的福报，也不可能给我们带来真正的快乐。

现在，很多人认为自己连生存都有困难，所以没有办法做财布施。这是一种错误的想法。任何人都不可能没有条件做布施。布施不是必须要拿很多钱财，什么都可以用来做布施，连我们认为不清净的东西都可以用来做布施。

我们布施的时候，若是用一个真诚心，发一个真正的慈悲心，就能饶益很多的众生。比如我们吐痰的时候，方便的时候，都可以将这些不净物做布施。在我们的眼中，这都是一些不净的东西，但是在其他众生看来，却是一些美味的食物。

我们也可以做其他的布施。比如撒一把米可以喂小鸟、小鱼；扔剩饭、剩菜、污水的时候，念“嗡啊吽”，念观音心咒“嗡嘛呢叭咪吽”，令这些东西清净，遍满虚空法界，变成其他众生需要的东西。

发一个清净心、慈悲心，布施给众生，众生就能得到自己所需求的东西。这样做布施非常殊胜。

也许我们拿很多珍贵的东西、拿好多钱做布施，这个发心不一定清净，过程也不一定圆满。但是，我们将一些微小的东西做布施，发心肯定不会有什么难处，过程也会顺利、圆满，这样的布施也会更殊胜。要经常这样做清净的布施，我们才能得到真正的财富，生生世世都可以富贵，而且不会被财物或者贪心染污。

谁来发心保护佛菩萨

我们总是希望别人来保护自己，
从没有想过去保护他人。
又有谁发过这样的心，
要去保护观音妈妈，
保护佛菩萨，
保护众生呢？

有一次，佛率领眷属走在路上，遇见两个小孩子在路旁玩耍，一个小孩子手里拿着鼓，一个小孩子手里拿着弓箭。他们看见佛的庄严身相，生起了无比的欢喜心，蹦蹦跳跳地来到佛的身旁恭敬顶礼，然后对佛说："这条路有猛兽，我们愿意做您的侍卫保护您。"

世尊笑着问他们："你们怎么保护我啊？"一个说："如果猛兽来了，我就摇鼓吓唬它们。"另一个说："如果猛兽来了，我用弓箭射它们。"释迦牟尼佛听了很高兴，告诉他们："不用给我护身，你们已经圆满了资粮，可以回去了。"这时，世尊放光微笑，光耀三千大千世界后，入于白毫间。

阿难在身边，合掌请问：“世尊，今以何因缘放光微笑？”世尊说：“刚才那两个孩子对我生起了清净的欢喜心，以此因缘，将于十三大劫转生天界享乐，而后转生为人，出家修行，在静处独修三十七道品，证得独觉果位。一位叫无畏独觉，一位叫鼓声独觉，所以我放光微笑。”

他们两个能保护佛吗？他们无法保护佛，佛也不需要他们保护。但是他们以此发心，种下了善根，最后得以证得独觉佛的果位。

我也经常强调发心。其实不是佛菩萨需要我们的发心，也不是我们真正能利益到佛菩萨。只要能发心，你就能为自己种下善根。

很多人都特别喜欢观音菩萨，因为观音菩萨可以救苦救难。“观音妈妈救救我，保佑我。”总是希望别人来保护自己，没有想过去保护他人。又有谁发过这样的心，要去保护观音妈妈，保护佛菩萨，保护众生呢？

修行就是要修心，要锻炼我们的意志，磨炼我们的心态。

我们凡夫是颠倒的，现在就要把念转过来——以前我们求佛菩萨保护自己。从今天开始，我们要发心保护佛菩萨，保护一切众生。有这样的发心，你就能种下善根，就能成就。

佛菩萨与众生，都是我们播种善根的福田。我们要为他们付出和奉献，这都是在为自己播种善根。

在福田、恩田、悲田里播种收获最快

在哪些田里播种收获快呢？
佛讲，在福田、恩田、悲田里播种收获快。
其中，福田是佛、菩萨、上师；
恩田是现世的父母；
悲田是可怜的众生。

人们经常说："善有善报，恶有恶报，不是不报，时机未到。"虽然是这么说，其实很少有人真正相信这句话。人们总是认为，造善恶业了，果报应该马上现前，否则就怀疑。

但任何事情都有它的规则，我们不可能今天播下了种子，然后期待它明天就能成熟，这是违反自然规律的。同样，我们也要掌握因果报应的规则，才能避免在不知不觉中造业的过患。

好比我们种庄稼一样，有些庄稼一个月左右就可以收获，有些庄稼几个月以后才可以收获，有些庄稼要一年以后才能收获……那么，在哪些田里播种收获快呢？佛讲，在福田、恩田、悲田里播种收获快。

福田是佛、菩萨、上师

他们是种福最好的良田，故称福田。以他们为对境，无论是修善业，还是造恶业，果报成熟得都非常快，基本上都是现世现报。

若是恭敬、供养他们，果报非常殊胜；若是轻视、伤害他们，恶业则非常严重。

恩田是现世的父母

父母对我们恩重如山，以他们为对境，做善事或造恶业，基本上也是现世现报。还有其他如父母般的恩人也属于恩田。如果不懂得知恩、念恩、报恩，反而恩将仇报，这样，罪过也非常严重。

悲田是可怜的众生

比如对病情严重的人，对处在艰难困苦中的众生，对处在哀愁、绝望境地的众生等做善事，果报也非常不可思议。

若是不怜悯他们，甚至诽谤或伤害，恶业也非常严重，基本上都是现世现报。

佛经说："纵经百千劫，所作业不亡，因缘会遇时，果报还自受。"业是不会消亡的，总有一天会成熟，而且必定会成熟在自己的身心上。

有人问：如果既修善业，又造恶业，那么是善业先成熟，还是恶业先成熟呢?

这要看善业和恶业哪个果报严重，相对严重的那个业先成熟。此时，我们可以通过修善业来阻止恶业的果报成熟，当善业的力量超越了恶业的力量时，先报善业，不报恶业；

如果善业和恶业轻重程度一样，哪个靠近临终，哪个先成熟；

如果善业和恶业距离临终的时间相等，则是往昔哪个习气重、串习力大，哪个先成熟；

如果串习力是一模一样的，就要按照造业的顺序，哪一个造业在先，哪一个先成熟。若先造的是恶业，就先成熟恶业的果报；若先修的是善业，就先成熟善业的果报。

所以，大家要利用生命的每一刻来行善积德。

怎样在享用福报的同时积累福报

福报犹如一桶水，如果只用，却不往里添加，很快就会用光。所以我们享受福报的同时，一定要积累福报。

我们都喜欢享受世间的福报，但福报往往越享受越不满足。那我们是不是不能享受福报？不是不能享受，而是不能贪着世间的福报，否则欲望会越来越增长。

福报犹如一桶水，如果只用，却不往里添加，很快就会用光的。所以，我们享受福报的同时，一定要积累福报。如果不计后果、不择手段地去享受，吃喝玩乐，这就是消耗福报。

受苦是消业，享受是消福。一切吃的、穿的、用的，包括一些好的机缘都是自己修来的福报，不要浪费。

现在我们有了可以享受却不消福的办法，这个办法就是佛法。在吃、穿、用之前，先供养三宝，然后再当成佛菩萨给自己的加持品去享用，这样不但能吃饱、穿暖、用好，还能消业，保护自己。

大家在生活、工作当中都要学会转念，把一切都转为道用，这样才能不停地积累福报。要知道，心的作用、心的力量不可思议。念转才能业消，才能福德圆满，智慧圆满；如果不转念，即使天天刻苦地诵经、念佛，也没有用，业障消不了，智慧也不会圆满。把佛法融入生活，让自己的生活变成修行，这样才能得到圆满。

福报再大都不要执著

有些人取得了一些成就后，
就去享受这些，贪求这些，
最后不但不精进了，
甚至连做人的标准都没有了，
又开始造业了。
这样财富就变成了
今生解脱最大的障碍了。

我们对自己拥有的，属于世间的一些名闻利养等福报，可以从三个方面进行思维、观察。

首先，我们拥有世间福报的时候，不应该得意忘形，心生骄慢。其实我们正在享受的这些，是在消耗自己往昔积累的福报。就像个漏着的水池，里面本来就没有太多的水，还不想办法去添水，水很快就会漏尽的。

这时应该更加小心谨慎，想尽办法增加福报，或者用现有的这些福报再次积累福德资粮。不然福报穷尽了以后，只能感受痛苦，而不会有任何的安乐。

其次，从本质上来思维观察，地位、声誉、财富、权势等种种的世间的福报，都是有漏的、无常的、不净的，这些并不能给我们带来真正的快乐，反而会给我们带来无尽的痛苦。

有的人虽然有钱，但是烦恼更多；有的人虽然有权，但是压力更大。

从因的角度去思维，这是一种不净，一种痛苦，一种无常；从果的角度去观察，也离不开痛苦的本性，超不出痛苦的范围；而从事实的真相、真理的角度去思维观察，更没有什么值得贪着、骄傲的。

最后，对每个人来说，你若是没有看破放下，这些福报也许将会成为一种障碍，会影响我们的生活。有的人在取得了一些成就后，就去享受这些，贪求这些，最后不但不精进了，甚至连做人的标准都忘记了，然后又开始造业了。这样财富就变成最大的障碍了。

如果能将自己所拥有的名闻利养转为道用，或者能看破放下，这些就不仅不会成为前行的障碍，而且还会成为助缘。我们从各个角度不断地去观察、思维，对这些道理就会生起一种甚深的体会和感受。这是一种很好的修行诀窍。

有多大的福报就享受多大的福报

有多大的福报
就享受多大的福报，
随遇而安、知足常乐！
明白了这个道理，
才是真正的解脱。

我们不能贪图他人的财物，尤其是不能贪图富人的财物。人家住别墅，自己也想住；人家开宝马，自己也想开。富人拥有很多，但那是他自己修来的福报，我们应该随喜，不应该嫉妒。

每个人的因缘不同，福报不同，富裕或贫穷很难平衡。因为缘起就是这样，有高低，有好坏，有善恶。这个问题佛也解决不了，这是众生的业力。

每个人都有共业和个业。我们都投生为人，这是我们的共业，也是共同的福报。但是也在感受着不同的业果，享受着不同的福报，过着不同的生活。

各了各的缘分，各过各的日子，各尽各的责任，这是做人的原则，也是一个修行人应该持有的态度。

有的人富足而吝啬，舍不得吃，舍不得穿，舍不得花，非要过贫穷的日子，这也是错误的。既然你有这个缘分，有这个福报，就不要吝啬，随缘享用就可以了。

若是没有这些也不必强求，不用给自己增加压力，增加烦恼。平平淡淡过日子多好啊！人一生的快乐不在房子上，不在车子上。有套房子，有台车也不一定幸福，也不是解脱，也不能解决所有的问题。

人一生的快乐和解脱，与物质没有直接的关系。从世间的角度来讲，财富会给人带来很多烦恼与痛苦，从出世间的角度来讲，富有会变成修行的障碍，而且是最大的障碍。

作为修行人，有多大的福报就享受多大的福报，随遇而安、知足常乐！佛讲一切都是因缘果报，没有无缘无故的爱恨得失。明白了这个道理，才是真正的解脱。

一精通一切精通

佛讲，一精通一切精通。
同样道理，成就一个的当下，
就成就了一切。
每一件事，包括出门进门，
都包含了一切；
如果你能够用心地出门进门，
你就解脱了。

做任何事情，都是有程序、有次第的。我们为什么没有多少进步，没有多少改变，没有多少成就呢？就是因为没有按次第、按程序学修。我们现在做世间的事情也是这样，前一件事还没做好，就做另一件事。“我这个单位不行，我想换一个。”“我现在没有工作，没有什么可做了。”

怎么会没有什么可做呢？我们讲了缘了债，讲的就是无论大事小事，家里家外的事，都要做，而且要用心做。

佛讲，一精通一切精通。同样道理，成就一个的当下，就成就了一切。每一件事，包括出门进门，都包含了一切；如果你能够用心地出门进门，你就解脱了。但是我们现在不是这个状态，而是做什么事都不用心，不认真，都是糊里糊涂的。我们是迷而不觉，还意识不到，反而觉得自己很认真。

认真和执著不一样。执著是一种迷，认真是一种觉；执著是一种束缚，认真是一种解脱，但很多人都分不清楚。现在很多教授、老师都给学生讲“要执著！学习要执著！做事要执著！”他们认为认真就是执著。错了，这是两回事。我们经常说“真空妙有”：要认真，这是妙有；不执著，这是真空。

如果能认真地做事，就是解脱，就是成就。做任何事情，都能够觉而不迷地做，定而不散地做，静而不乱地做，正而不邪地做，这叫认真。认真的当下就是成就，成就的当下就是解脱。

有贪心的人永远不会发财

福报是修来的，
不是求来的。
想修福报，
要具足布施、持戒、
忍辱三个条件，
如果没有做到，
不可能得到福报，
相反只能消耗原有的福报。

我经常说，善业恶业全在于发心，不要执著形式。无论做什么善事，如果有执著，把这些都当真了，当实有了，那就错了，所做的一切根本没有到位。

有些人想布施，但是没有做到，心里就特别失望；若是能做到一点点形式上的布施，心里就特别高兴，这都是执著。你把所做的布施当真了，你的心跟随它动了，这还是心没有到位。执著世间法是执著，执著佛法也是执著。只要是执著，就一定会有烦恼。

每一个起心动念都是轮回，你执著轮回和执著涅槃又有什么区别？

善业恶业都在发心。什么叫业障？在贪、嗔、痴的心态中，一切言行、思想都是恶业。

有的人说，“我念佛烧香那么多年，也供养了，也布施了，怎么还不好呢？”你能好吗？只会贪求福报，不会修福报。福报是修来的，不是求来的。

想修福报，要具足布施、持戒、忍辱三个条件，如果没有做到，不可能得到福报，相反只能消耗原有的福报。

观察一下自己有没有贪心？如果有，就不能发财，不会如意。即使暂时发财了，财富也不会稳定，反而会给你带来更多的压力和痛苦，这都是贪心的恶果。

第伍章 有求必应

可以说，佛是世界上第一个科学家，
也是一个伟大的医学家，
他能治疗众生的身心疾病——
无论是身体上的疾病
还是心灵上的疾病。

母亲告诉我，每天晚上睡觉前要磕三个头

在我小时候，母亲就告诉我，
每天晚上睡觉前要磕三个头，
不然将来容易投生为牦牛。
我很害怕，坚持每天磕。
有时候已经躺下了才想起来，
马上又起来磕。
后来我出家了，依止了上师，
上师也让我每天睡觉前磕三个头，
然后发愿，
这样来世可以往生西方极乐世界。

小时候，我们从母亲的口中听过，或是从课本上读过很多寓言故事。故事虽小，蕴含的哲理却很深刻，足以让人回味一生。猴子找食物的故事就是其中之一。

猴子在路上遇到了桃树，摘了很多桃子；接着又遇到了西瓜地，就扔了桃子摘了西瓜；然后又看到了兔子，又把西瓜扔了，去抓兔子。结果兔子跑了，猴子什么也没得到，最后两手空空地哭着回家了。

现今，很多人也如同故事中的猴子一般，学习凭感觉，今天感觉这个好就学这个，明天感觉另一个好就学另一个，没有感觉或者感觉不好干脆就放弃了，再去找别的。这样学习是不会有成就的。

学习佛法和学习一般的学问不同。如果你把佛法当成一般的学问去学习，佛法就变成了一种宗教，就不是真正的佛法了。即使学了也只是增加一些知识，不会生起智慧，这样就没有意义了。

我们必须要按传承、按仪轨、按计划系统地学修，然后再坚持，就不一样了。深入一门，依一种传承和仪轨坚持学修，这本身就是一种成就。有感觉没感觉，感觉好不好，有境界没境界，都很正常。

在我小时候，母亲就告诉我，每天晚上睡觉前要磕三个头，不然将来容易投生为牦牛。我很害怕，坚持每天磕。有时候已经躺下了才想起来，马上又起来磕。后来我出家了，依止了上师，上师也让我每天睡觉前磕三个头，然后发愿，这样来世可以往生西方极乐世界。听到这些我更欢喜了，一直坚持磕。

现在我发心，每天临睡前磕十个头：给佛法僧三宝各磕一个头，给三宝的总体——上师磕一个头，给六道的父母众生各磕一个头。不能只顶礼上师三宝，还要顶礼父母众生，因为佛、上师、众生是平等的，他们都是我的福田，是我成就的助缘。从我发心到现在，基本上没有间断过。我们做事、修行就要靠这样一个持之以恒的毅力。

如果大家真心想解脱、想成佛，必须要按照仪轨、传承，朝目标的方向坚持下去，这是解脱成就的一个要诀。

人本来是佛

一个『佛』字或者
『阿弥陀佛』四个字
包含了八万四千法门，
包含了三藏十二部
显密一切经典的要义。

无论是念佛、诵经，还是持咒，都先要懂得它的含义。懂得了“佛”字的含义、咒语的含义后再去念诵，才是正念，才是正知正见。有正知正见，才能降伏邪思邪见。正知正见是觉，邪思邪见是迷，念佛要觉而不能迷。如果还没有弄清楚含义，那只是在口头上念阿弥陀佛，不是在心里念阿弥陀佛。这样，即使念的数量再多，也不能对治烦恼、习气，所以不要欺骗自己。

有的人认为专念就是只念“阿弥陀佛”或者“观世音菩萨”一种圣号，不能念其他的。只念一种圣号，不一定是专念。“观音菩萨”“阿弥陀佛”“金刚萨埵佛”“药师佛”，都是

“佛”字的含义。念“观世音菩萨”是念一切诸佛菩萨的慈悲，念“地藏王菩萨”是念一切诸佛菩萨的愿力，念“文殊菩萨”是念一切诸佛菩萨的智慧……你明白了这个含义，念一尊佛就是念一切佛，念一切佛也是念一尊佛，这时念哪尊佛都一样。佛是完全清净、平等的，没有烦恼、分别；而你有分别地念，有妄想地念，就是没有明白“佛”字的含义，那也就没有真正念佛。

有的人认为念佛法门方便，可以一边洗衣、做饭、擦地，一边念着阿弥陀佛，这不叫念佛。在干活儿的时候你心里想的是活儿，不是佛。如果你心里没有念佛，那就不叫念佛。持咒也是一样的道理，你口里念观音心咒“嗡嘛呢呗咪吽”、莲师心咒“嗡阿吽班匝格热巴玛色德吽”，但心里想的却是家务、事业……这都是自欺欺人。心口相应才是念佛、才是持咒。如果没有相应，你在表面上做这些都没有用。

“佛”字翻译过来是“觉”。从自性的角度讲，一切都没有离开佛性，都是佛，这是觉。能这样把人与事看得清楚、透彻，把你的所作所为、所思所想以及所有的对境——外器世界、内情众生等一切法都当成是“佛”字的含义，能把自己的心安住在这种认识、觉悟当中，并能够保持住这种状态，这就是一心念佛。

一个“佛”字或者“阿弥陀佛”四个字包含了八万四千

法门，包含了三藏十二部显密一切经典的要义。把“佛”字的含义弄明白了，就知道轮回与涅槃、佛与凡夫，一切法都是“佛”字的含义，都是一个意思，没有分别。

显宗的《普贤行愿品》里面讲：“一尘中有尘数刹，一一刹有难思佛。”意思是在哪里都有佛，哪里都是佛。密宗里面讲“一切清净、圆满”，意思是万事万物都是佛，无论做什么、说什么、想什么都是念佛。人本身是佛，活儿本身也是佛，都是无量光佛、阿弥陀佛，干活儿就是念佛，念阿弥陀佛。所吃的饭本身是佛，所喝的汤也是佛，这样明明白白地吃，明明白白地喝，就是真正的念佛，走路、睡觉、工作，都是念佛。有这样的认识与见解，行住坐卧都是念佛的过程、修行的过程，吃喝玩乐都是念佛的方法、修行的方法，所以不是必须要念“阿弥陀佛”四个字才是念佛。因此说学佛、修行不会耽误你的生活、工作，因为生活、工作本身就是念佛，就是修行。

在自己家里种福田

三宝不在别处，在心中。
你的恭敬心、
诚心、善心、信心，
就是佛力的加持。
心不善不诚，你怎么求，
怎么拜，都没有用。

如果我们具备条件，就应该在家里设佛堂，因为这是给自己种福田；若是不具备条件，也不要执著，可以把佛堂设在心里。

不过，有些人家里有条件，却不设佛堂，还说“佛在心中，心里有佛就行了。”其实，这都是找借口。若是这样讲的话，可以说，不只是佛在心中，包括你自己也在心中，那你也不用吃饭，不用休息了。

若是没有这个条件或者家里不方便，可以暂时不设佛堂。有些人家里没有这个条件，还要请很多佛像，还要请最好的，这也是执著。

一般的佛堂，应该有佛像、佛经、佛塔等这些佛身、佛语和佛意的所依。佛身口意的所依在家里，相当于佛在家里，你可以在自己家里种福田，把他们作为皈依、供养的对境，在他们面前修法。

有些人又会顾虑："家里设佛堂了，假如我不在，谁来供佛啊？"我们外出的时候，可以忆念家里的佛堂，忆念佛。

心到位了，一切就都到位了。虽然你身在外面，但心可以顶礼、供养，将自己见到、听到、想到的清净美好、珍贵稀有的一切，都做供养。如果心诚，在哪里都可以做顶礼。虽然佛像、佛经、佛塔在家里，但是你在外地做顶礼也一样。

如果身顶礼不方便，可以做语顶礼；如果语顶礼不方便，可以做意顶礼。对佛菩萨来说，没有远近的分别，在哪里都一样。重要的是你能忆念佛菩萨身口意的功德，能忆念上师三宝的功德。

但是你不能又找借口："我心到位了就行了，虽然在家里，但是我今天不拜了，不供了，我就做意幻供养，就做意顶礼，上师说了都一样。"

为自己找借口的时候，上师的话都特别好用；一到其他关键的时候，上师的话就都不好用了。这都是自以为是，都是利用上师的教言找借口，不能这样。如果在家里有时间、有条件，就必须要拜要供。

为什么呢？你当面都不拜不供，那一定是心里不恭敬、不重视，没有真正的恭敬心，这是不如法的。

若是家里有佛堂，就要保持清净、庄严。有些人家里的佛龛上全是灰，没有丝毫庄严可言，这样设佛堂还不如不设。

佛曾特意强调：佛龛上不能有灰，包括香灰。供香的时候，香灰不能撒到坛城、供台上面。供水的时候从左侧开始供，收水的时候从右侧开始收。大的水碗之间可以有一点距离，小的水碗之间只能有一粒青稞的距离。

供水、供灯时的水、油都不能溢到外面，否则都是破坏戒律的因，缘起不好。不管是供香、供水、供灯，都要整整齐齐、干干净净。

做任何事情前，念一遍《八吉祥颂》

做任何事情前，
首先念一遍《八吉祥颂》，
一定能顺利如愿，
一切吉祥圆满，
它的功德和利益不可思议。

八吉祥颂

嗡

现有自性清净任运成，安住十方吉祥刹土中，

诸佛正法僧伽圣者众，顶礼一切愿我等吉祥。

灯王佛贤勇义成就佛，慈严德佛善名胜德佛，

一切义持广大名称佛，如须弥山圣力名德佛。

垂念一切众生名德佛，威力吉祥名称遂愿佛，

仅闻圣名增德增吉祥，吉祥八大善逝敬顶礼。

文殊童子具德金刚手，圣观自在怙主慈氏尊，

地藏菩萨并与除盖障，圣尊普贤菩萨虚空藏。

青莲金刚白莲那伽树，如意摩尼宝剑日月轮，
持善标帜吉祥殊胜德，八大菩萨勇士敬顶礼。
殊胜宝伞吉祥黄金鱼，如意宝瓶悦意妙莲花，
悦音海螺圆满吉祥结，不朽胜幢自在金轮宝。
殊胜标帜八胜吉祥宝，供养十方三世一切佛，
仅念嬉女圣众即增祥，八大吉祥天女敬顶礼。
大梵大自在天遍入天，千目帝释与持国天王，
增长天王龙王广目天，多闻天王各持天宝物。
轮三叉戟短枪金刚杵，琵琶宝剑宝塔胜宝幢，
三界增上善妙与吉祥，世间八大护法敬顶礼。
我等如今所作诸事业，一切障难恼害悉消泯，
顺缘增长所愿如意成，祈愿吉祥如意悉圆满。

晨起念诵此日诸愿成，临睡念诵能见善梦境，战时念诵制胜于诸方，事前念诵倍满诸所求，常时念诵寿德名财祥，妙善圆满所欲如意成，净障与增上生决定胜，诸义成就胜佛所宣说。

《八吉祥颂》是从麦彭仁波切的意海中出现的偈颂，它和《八吉祥经》的内容基本一致。《八吉祥颂》是祈祷八吉祥佛、八吉祥菩萨、八吉祥天女、八吉祥护法以及十方三世一切诸佛、正法、僧众的祈祷文，主要是以顶礼的方式祈祷的。做任何事情前，首先念一遍《八吉祥颂》，一定能顺利如愿，一切

吉祥圆满，功德和利益不可思议。你今天要做一件事，念一遍《八吉祥颂》然后再去做，没有不如意的，没有不顺利的，没有不吉祥的，没有不圆满的。这个如意宝就在眼前，但是我们没有看到。

我们要出去谈事情、做事情，都是心慌意乱、提心吊胆的。不用这样！如果具有信心，先念一遍《八吉祥颂》，然后就放心了。“今天我要去谈事情，能不能谈好啊？会不会遭受不愉快啊？”不会的。如果你这样想，还是信心不足。

《八吉祥颂》的功德和利益不可思议！如果遇到障碍，念《八吉祥颂》就没有问题了。如果念《八吉祥颂》也解决不了，那谁也没办法了。这不是法的问题，是个人的业障或众生的福报的问题，你再着急也没有用。

我们在任何对境当中，都应该非常稳重，非常自信。不应该心慌意乱、提心吊胆，不应该瞻前顾后，畏首畏尾。真正有智慧的人应该是很自信的。

加持是佛菩萨给的吗

加持是一种力量。
这个力量是从佛那里来的，
也是从自己的心里来的。

我们吃饭之前，可以把吃的东西做一下供养。这个时候，我们心中生起的念头是一种恭敬心，这就直接对治了贪心。我们做了供养，然后当加持品吃，佛的力量就可以融入所吃的东西里。狗牙的故事我们都听说过，佛的加持能够融入狗牙里去，为什么不能融入这些饭菜里呢？如果自己心到了，佛就到了；心到了，力量就到了。若是能这样做，你吃的就是甘露，你吃的就是加持。不仅能吃饱，还能消除业障、降伏烦恼、驱除魔力，这样力量就大了。现在的人到处去求甘露丸，到处去求加持。你往外求，也许求不到。因为什么？你没有这样的觉悟，没有这样的智慧。

加持是什么？加持就是一种力量。这个力量从哪里来？从佛那里来，也是从自己的心里来。这个加持并不是完全来自于佛，如果自己没有一个坚定的信念，就不会有加持。这样的加持，这样的力量，是怎么来的？你对佛有信心，有坚定的信念，有虔诚的心态，它本身就是一股力量。

我们为什么说是佛菩萨的加持？因为佛菩萨是一个所依。如果没有佛菩萨这样一个所依，我们的心就定不下来，静不下来。我们通过佛菩萨这样一个所依，心就定了，成为一心了，此时这个力量就来了，这叫加持。我们祈祷佛，供养佛，想得到加持的话，就要诚心诚意，一心一意，诚心、一心本身就是一种力量。

其实心本身是很有力量的，心的力量不可思议。但若是你的心散乱，这股力量没有集中在一起，所以它体现不出来。不是一心，力量就散了。你心不散的时候，这个心的力量就不会散，而会凝聚在一起。心到处都有，心无处不在。心就是法，法就是心，法也是无处不在；心就是佛，佛就是心，佛也是无处不在。

我经常讲，修法不能好高骛远。吃饭是很平常的一件事，但如果用心去吃，通过这样的修行，你也能得到加持；通过这样的方法，你也能成就。为什么说佛法就在当下，成就就在当下呢？就是心到位了，一切都到位了。

日喀则瞻佛　摄影：重庆大妹

加持咒的功德利益

不管是念诵经文、
修持仪轨，
还是念佛号、念咒语，
做任何善事之前
先念三遍加持咒，
功德能增上一千万倍。

加持咒——嗡 桑巴局桑巴局 波玛纳萨局 玛哈臧巴巴 吽帕的所哈，是旧噶当派的祖师阿底峡尊者传下来的。

阿底峡尊者对度母具有信心，有一次他梦见度母，度母把这个咒语传给了他，后来他就把这个咒语传到了藏地。当时阿底峡尊者在整个雪域影响力非常大，这又是阿底峡尊者在藏地特别传下来的一个咒语，所以藏地各宗派都非常重视这个咒语。

不管是念诵经文、修持仪轨，还是念佛号、念咒语，做任何善事之前先念三遍《加持咒》，功德就能增上一千万倍，这是佛在经中讲的。这个咒语很短，三遍一瞬间就念完，但是它的加持、功德和利益是不可思议的。这是真言，也可以说是十方三世一切诸佛加持过的。所以，对此法有信心就可以了。它的内容无须解释，主要是有信心。

有的人一听说念这个咒语加持力大、利益大，然后就使劲念，这也是贪。没有得到如是的功德和利益的时候，就开始怀疑了。这是什么原因？是自己的问题，不是咒语的问题。咒语本身有这些功德和利益，就像宝藏一样，但是你要有开取这个宝藏的能力。有智慧，才能开取这些宝藏。

那我们能不能得到这些功德和利益呢？能得到，但是你要有信心。有信心才有加持，没有信心就没有加持。信心有多大，加持就有多大。具有信心地去念，一定能获得如是的功德和利益。

磕大头的三个好处

如理如法地磕头，
能锻炼身体，
能消除业障，
能打通任督二脉。
打通了任督二脉，
大智慧自然就开了。
这样才能治疗身心上的疾病。

顶礼有身顶礼，语顶礼，意顶礼。

身顶礼是用身体做礼拜。磕大头，磕小头，都属于是身顶礼。磕小头要五体投地，磕大头要全身着地。

顶礼有不可思议的功德，能消除很多业障，能对治贪嗔痴这些烦恼，尤其是对治傲慢心和嫉妒心。有时间、有条件，我们可以多做身顶礼。

功有静功，有动功，磕大头、磕小头都属于是动功。磕大头，最好的效果是打通任督二脉，一般的能消除一定的业障，最起码也能锻炼身体。

现在很多人，尤其是爱美的人怕胖了难看；有的人怕胖了以后容易生病；有的年轻人怕胖了找不到对象。所以有的人为了减肥，节食不吃饭；有的人为了减肥吃减肥药。

这样做既不科学，又不健康。那怎么办呢？磕大头，每天磕一百零八个大头，磕几个月看看能不能减肥。

佛救度众生的方法没有被叫作科学，实际上是最科学的。佛是世界上第一个科学家，也是一个伟大的医学家，他能治疗众生的身心疾病——无论是身体上的疾病，还是心灵上的疾病。

现在很多科学家，只能治疗人身体上的疾病，但是无法治疗人心灵上的疾病。身体上的病，不是根；心灵上的病，才是根。佛让我们磕头，是为了让我们身心健康。如理如法地磕头，能锻炼身体，能消除业障，能打通任督二脉。打通了任督二脉，大智慧自然就开了。这样才能治疗身心上的疾病。

贪嗔痴慢疑等这些烦恼，才是真正的病，才是真正的毒！它们让我们死过多少次？它们让我们感受过多少苦难？这些心灵上的疾病，通过磕头能治疗。所以我向大家提出要求，每天磕一百零八个大头。阿难尊者曾经请问世尊，有一位比丘顶礼佛塔，有何等功德？世尊回答说，顶礼一次佛塔，最基本的功德，可获得身下所压面积至金刚大地之间所有微尘数量的转轮王位，然而这还不能达到其顶礼功德的边际。转轮王不是一般的福报，是统治南瞻部洲的，有些转轮王还能统治须弥四洲。这仅仅是做一个礼拜的功德。

如法诵持观音心咒

“嗡嘛呢呗咪吽”是指皈依观世音菩萨，愿我通过您的大加持力，使我本具与您同样的清净无染、随意变现的自性功德迅速显现，随意达到我愿达到的目的。

观音心咒包含了三藏十二部一切显密经典的内容，也是三藏十二部一切显密经典的精髓，如理如法地念诵观音心咒，也就等于念诵所有的经典了。

所有的上师三宝的加持力、一切法的本性的能量都凝聚在观音心咒里，所以它有很大的功德，很强的加持力和广大圆满的含义。

“嗡嘛呢呗咪吽”这六个字有什么含义？“嗡”有很多方面的意义，在这里可以理解为皈依。

“嘛呢”是随意变化的如意宝珠，用来比喻我们的本性。万事万物一切法都是它的幻化。我们回归本初、见到本性的时候，它就会随意变化。什么叫随意变化？想干什么就可以干什么，想要什么就能有什么，这个时候才有心想事成，一切才会吉祥圆满。

“呗咪”是红莲花，用来比喻人的本性清净无染。我们的本性就是心性，像红莲花一样，它生长于淤泥之中，但是不受染污，无论淤泥如何脏乱，也不能改变莲花的洁净和清丽。我们的本性能变幻出一切法，轮回也好，涅槃也好，凡夫也好，佛也好，都是它变的，但是它的本体是无相无尘的，没有任何分别和不净的染污。

“吽”也有多层次的意义，在这里可以理解为摧毁一切障碍，迅速显现本来觉悟的功德，早日达到最终的目的地。

这六个字的意义是，“皈依观世音菩萨，愿我通过您的大加持力，使我本具与您同样的清净无染、随意变现的自性功德迅速显现，随意达到我愿达到的目的。”这是简单的理解。详细地说起来，三藏十二部一切显密经典的内容都包含在这六个字里，那就特别广大了。

一心祈祷，有求必应

在危难中得到救助，
这是我们最大的希求。
所以，作为修行人，
不需要在灾难和违缘面前心慌意乱，
应该一心祈祷上师三宝，
一心念『阿弥陀佛』，
这样所有问题都能迎刃而解。

阿弥陀佛也叫无量寿佛，如果我们能一心祈祷阿弥陀佛，生命就能延续，除非异熟果成熟。

异熟果成熟是指三尽：业尽——业力穷尽，寿尽——寿命穷尽，福尽——福报穷尽。“三尽”的人，谁也无法延续他的生命。

业寿是否已尽，有四种情况：

第一种，业未尽，寿已尽。业力还没有穷尽，但是寿命已经穷尽了。比如说，人死亡以后再投生为人，旁生死亡以后再投生为旁生。

第二种，业已尽，寿未尽。比如说，在人间，上半生享福，下半生受苦，这就是业力穷尽了，寿命还没有穷尽。

第三种，寿尽了，业也尽了。比如说，人的寿命穷尽以后，投生到别的道，这是业穷尽了，寿命也穷尽了。

第四种，业没有尽，寿也没有尽。比如，有些人终生享福。

如果寿命已尽，福报未尽，那么我们通过仪轨、法力等缘起和方便，可以把福报转为寿命。比如，我们可以通过修长寿佛仪轨，或得到长寿佛的灌顶，可以把福报转为寿命。

在有能力的情况下，寿和福可以互相转换。但在业尽、寿尽、福尽三尽的情况下，即使阿弥陀佛亲自降临灌顶加持，也无法延长人的寿命。其他情况下，通过一心祈祷阿弥陀佛，可以长命百岁。

佛在经中讲过九种横死、十八种非时死（很多非时死都属于横死）。横死或非时死，是指虽然人的寿命、福德还没有穷尽，但出现了意外的障碍或违缘。现在地球变了，灾难也多了，致使很多众生遇难。比如死于火灾、水灾、风灾、地震等灾害，还有以上吊、跳楼等方式自杀，这些都属于横死。

在灾难面前，人们都是惊恐万分。但若是到了“三尽”的时候，你再担心、再害怕也没有用，必须要离开这个世界。倘若还没有到“三尽”时，在危难面前，如果能一心祈祷阿弥陀佛，这些非时死都能遣除。

在危难中能得到救助，这是我们最大的希求。作为修行人，不要在灾难和违缘面前心慌意乱，而应该一心祈祷上师三宝，一心念“阿弥陀佛”，这样所有问题都能迎刃而解。但是我们现在，一有什么风吹草动了，就心慌意乱，根本想不到上师三宝，想不到阿弥陀佛。而真正懂得佛法、深信佛法、有修行的人不会这样。

这里主要讲的是阿弥陀佛能遣除我们寿命上的违缘障碍。其实，阿弥陀佛能遣除我们身体和心灵上的任何违缘障碍。一句佛号确实是无价之宝！

百字明中每句话的含义

百字明的含义
大致说起来就是这些，
详细地说就太多了，
八万四千法门都是它的含义，
三藏十二部、显密一切经典
都包括在一百个字当中。

"嗡"字是咒的开头，它有善妙、吉祥的含义。

"班匝日萨多萨玛雅，玛呢巴拉雅"大致含义：主尊金刚萨埵，请您以及您身口意的极深秘密誓言恒时守护、保佑我们。

"班匝日萨多迪诺巴，迪叉哲卓美巴瓦"大致含义：主尊金刚萨埵，请您的加持成就安住于我，并让我与您无二无别。

"色多喀友美巴瓦"大致含义：请赐我以无漏、大乐的智慧，令我满足。

"色波喀友美巴瓦"大致含义：令我证悟光明的智慧。

"阿呢局多美巴瓦"大致含义：请你慈悲地爱护、怜悯我。

"萨瓦日色德玛美抓雅匝"大致含义：请您立即赐予我清净

一切罪业、及其一切殊胜的成就。

“萨日瓦嘎玛色匝美，则当希央格热吽”大致含义：让我心地贤善地行持一切事业。

“哈哈哈哈伙”大致含义：令我现前四种灌顶的智慧。

“巴嘎万，萨日瓦达塔嘎达，班匝日玛美门匝”大致含义：祈请一切出有坏如来，请您身口意的智慧在方便与大悲无别之中，恒时不要舍弃我。

“班则日巴瓦”的大致含义：让我的身口意成为佛的身口意而成佛。

“玛哈萨玛雅萨多阿”大致含义：恒时不离开没有世间分别的法界，金刚萨埵主尊，请令我成就一切如来，在不生不灭的法界中感受平等法味一体的智慧。

用泥巴塑的佛像和用金银珠宝塑的佛像有何区别

你真的是发自内心地欢喜佛像吗？假如现在用泥巴塑一尊小佛像，你还会那么欢喜吗？

经常听见信众们如此赞叹："某尊佛像高三十米、六十米、一百米……是世界第一高的佛像！这尊佛像是用珠宝做的，那尊佛像是用水晶做的，那尊佛像是用黄金做的……"都心生欢喜，感觉太殊胜了。

但是，你真的是发自内心地欢喜佛像吗？假如现在用泥巴塑一尊小佛像，你还会那么欢喜吗？很多人见了肯定生不起欢喜心，根本不觉得稀有。

用泥巴塑的佛像和用金银珠宝塑的佛像有什么区别？佛并没有说佛像必须要用金银珠宝塑造。佛像没有高矮大小的区别，即使再矮小的佛像也代表佛的身。我们见到佛像，顶礼佛像时，应该想起伟大的佛陀所具有的无漏、超凡的功德，而后生起欢喜心、恭敬心和信心。

我们都欢喜佛像、佛经和佛塔，但是欢喜和欢喜不一样。信心和贪心都是一种欢喜心，但一个是清净的，一个是不清净的。清净的欢喜心叫信心，不清净的欢喜心叫贪心。我们为什么要恭敬佛像呢？因为佛像代表佛的身。当见到佛像时，我们应该忆念佛无漏的功德，应该对佛无漏的功德生起欢喜心，这叫恭敬心，这也是一种清净信心。反之，若是心里没有恭敬，即使在表面上顶礼佛像，把佛像放在高处，这种行为也不叫恭敬，而叫装模作样。

塑佛像就是让大家提起正念，恭敬佛身，忆念佛的功德，同时发誓发愿学修并且成就这些功德。如果不但没有起到这样的作用，反而让人生起嫉妒心、傲慢心、嗔恨心、贪心等烦恼，塑佛像就失去了意义。

佛经也是同样，你看见佛经的时候，有没有把它当作真正的法宝，视为佛的真言？有没有想到佛的功德？有没有发誓发愿学修并成就这些功德？

我们平时做早晚课用的法本也是法宝，但是大家都把它扔在地上随便跨。因为法本是用普通的纸印刷的，我们每天都能接触到，所以对它没有欢喜心，也没有信心。假使我用金银珠宝刻成经文，大家一定会很喜欢，感觉特别有加持力。这就是着魔了，这不是清净信心。

面对佛像、佛经、佛塔等时，对有些人来说是造业的对境，对有些人来说是积福的对境，成就的所依。在这些对境前，我们一定要提起正念，忆念佛的十力、四无畏等无漏的功德，对这些功德生起欢喜心，发誓发愿学修并成就这些功德，这也是我们塑佛像的真实意义。

第陆章

学佛是一种享受

什么叫修行？
不管是小事大事，
样样事都认真、用心去做。
小事别嫌弃，
大事也别害怕。
连吃饭、洗衣服都用心去做，
这都是一种修行。

不能过于贫穷、疲惫，也不能过于舒适、富裕

藏地有这样的说法：
『不能过于贫穷、疲惫，
也不能过于舒适、富裕，
要保持中等。』
无论是生活方面，
还是修行的心态，都要这样。
不能太紧，也不能太松；
不能过于艰苦，
也不能过于贪着，要把握适度。

有一天，佛祖释迦牟尼佛从嘎西城出游鹿野苑，在鹿野苑林中，遇见了憍陈如等五比丘。世尊以前跟他们在一起苦修，后来放弃了苦修，最后在菩提树下成道了。佛祖成道以后，又回到鹿野苑的森林中，就是为了度化这五比丘。

五比丘正在苦行，他们看见世尊远远地向他们走来，就商量道："沙门果达玛到我们这里来了，我们一刹那都不应对他恭敬，不得起身迎接、礼拜。就这样坐着招呼一声'你来了，请坐。'就可以了。"

你看，五比丘已经苦修很多年了，但是因为没有方法，没有诀窍，所以一直没有成就。心中的傲慢、嫉妒等烦恼都没有

消除，烦恼依旧，习气依旧。我们身边的很多人也是如此，虽然念佛、学佛了好多年，但是没有一点点的改变。

学佛修行要有传承，要有诀窍，要有正确的目标和方法，为什么这样讲呢？因为如果没有这些，即使表面上修行得再精进、再努力、再刻苦，也是徒劳无益，不会成就的。所以，如果要解脱、成佛，一定要有正确的目标和方式、方法，这一点非常重要。

现在很多人学佛学得很辛苦，虽然每天都做很多功课，念很多东西，但是没有一点点的成就。真的，不能糊里糊涂，这样不会有成就的。我们学佛、修行虽然不可能一下就成就、圆满，但是也要有所改变吧？虽然烦恼、习气不能彻底断掉，但是也应该有所减少吧？

五比丘商量，若是果达玛来了，大家不能对他做过多的侍奉、供养、恭敬、礼拜。他们认为，世尊原来与他们一起苦行，后来自己走了，现在不是知足少欲了，每天吃的是饭菜、酥果、芝麻等许多甘美丰盛的食物，还用热水沐浴。他们是苦修者，认为这些行为都是不如法的。

世尊知道，仅仅这样苦修是不可能有任何结果的，于是就离开了他们。那个时候他的身体特别虚弱，接受了别人供养的食物以后，才逐渐好起来，然后到菩提树下打坐，最后成道。

这时，世尊渐行渐近，他已经证得佛果，福慧、功德已经圆满了，有内在的威德力。五比丘虽然已经商量好，但是佛到了他们面前的时候，他们守护不住自己的誓言，不由自主地起身。有的让座位，请佛入座；有的端来温水，请佛洗脚；有的接过袈裟，有的接过手杖，有的接过钵盂，并热情地说："果达玛，您来了，请入座！"面对佛的威德力，他们都不由自主，忍不住地迎请世尊。

世尊心里明白，他们违背了自己内心的誓言，但是缄默不语。入座后，五比丘直呼世尊的名和种姓，语气和态度有失恭敬。其实任何称呼与行为，对佛来说都是无所谓的，但是释迦牟尼佛那天是专门来度化他们的，于是，就对他们说："你们不应该对我如此称呼，这样你们将在轮回中恒时受苦。对圆满一切功德的如来正等觉必须有相应的恭敬称呼。"

听了世尊的这些话，他们也就直言不讳地回答："以前您和我们一起苦行时，没有得到圣者的功德，也没有什么成就。现在从功德和智慧方面，您也没有什么增长，好像跟我们差不多。和我们不同的是您到处求名利，不知足少欲，多贪食物，享用热水沐浴，不修苦行了。我们没看出您有什么优点和功德，所以我们不愿意恭敬你。"

世尊问五比丘："以前我和你们一起修行的时候，身体虚弱，现在我身色金黄，诸根调伏，你们现量见到了没有？"五比丘异口同声地回答："见到了。"然后世尊慈祥地对他们讲：

“想获得成就，就不能堕入二边：一是不能过于耽著世间的享受；二是不能使五蕴过于受苦。因为我们毕竟是欲界的众生，堕入任何一边都不易成就，所以要远离二边，当依现前菩提的中观道。”

五比丘听了世尊的开示后态度迥然不同，对世尊生起了恭敬心，祈求传法，转法轮。同时，八万天子也祈请世尊传法，转法轮。我等大师如来正等觉释迦牟尼佛，从此便开始传法，转法轮。

藏地有这样的说法：“不能过于贫穷、疲惫，也不能过于舒适、富裕，要保持中等。”无论是生活方面，还是修行的心态，都要这样。不能太紧，也不能太松；不能过于艰苦，也不能过于贪着，要把握适度。

离佛太近了也未必好

有的人说：
『我要是能永远跟随上师，
跟上师在一起就好了！』
不一定，
这样也许你就更惨了。
离佛太近了
也不一定是一件好事，
主要是信心。

释迦牟尼佛在世的时候，有位善星比丘是佛的侍者，承侍佛二十四年之久，精通三藏十二部（“三藏”是指佛教的经、律、论三藏；“十二部”指佛陀所说法，依其叙述形式与内容分成的十二种类别。）但他精通的仅仅是词句，不是真正的含义。他对佛没有生起信心，唯生邪见。

有一天，善星比丘对佛说：“你也没有比我更突出的功德。你能讲，我也能讲，除了你身上有一些光，这个我没有之外，其他的我们两个差不多都一样，所以我不想再服侍你了，我要走了。”佛没说什么，让他走了。

他离开了佛以后，佛把所有的眷属、弟子都叫到身边，问谁想做自己的侍者。佛特别威严，大家都畏惧佛，谁都不敢做。最后大家推荐阿难做佛的侍者，因为阿难是佛的世俗堂弟，不是很害怕佛。

当时阿难要问佛三个问题，如果佛能回答，他就做佛的侍者。其中一个问题是:“善星比丘离开佛陀会有什么样的后果？”佛讲:“再过七天，善星比丘会离开这个世界，死后会在某某花园里变成一个具足九种丑相的饿鬼。”

与善星比丘关系好的弟子，听到后赶紧把这些话告诉了善星比丘。善星比丘心想:“有时候他说话也挺准的，我要注意点，从现在开始我只打坐，七天七夜不出屋，不吃不喝，我肯定不会死的。过了七天以后，我再去嘲笑他。”然后就入定了。

第七天早上，他口特别干，喝了一口水，结果还没来得及咽下去就死了。善星比丘死后没过几天，佛陀领着眷属及弟子们去那个花园。众人一看，花园里果然有一个具足九种丑相的大饿鬼。

这个时候，善星比丘虽然已经投生为饿鬼了，但还是不愿意面朝佛陀。可见，人心里的邪见多可怕啊！能当佛的侍者，能跟随佛二十四年，是多大的福报啊！但如果不珍惜，就是这样的下场。

后来阿难做了佛的侍者，直到佛涅槃。佛有些弟子，一看到佛就生起欢喜心，一听到佛讲法就能成就。但是阿难跟随佛那么多年，却一直没有成就。这肯定也是信心不足。

佛涅槃后，迦叶尊者给阿难定了五项罪名，把他赶出僧团。阿难很伤心，于是生起了出离心，到森林里修行，最后证得了阿罗汉的果位。

因为阿难是听闻第一，要结集佛的教法，必须要靠阿难，所以迦叶尊者特意把他赶出了僧团，不然阿难无法成就阿罗汉。如果阿难没有成就阿罗汉，就不能集结佛的教言。迦叶尊者也是为了这样的利益，才那样做的；也是因为这种做法，阿难才成就的。

由此可见，离佛太近了也不一定好。现在有的人说："我要是能永远跟随上师，跟上师在一起就好了！"不一定，这样也许你就更惨了。离得越近，接触得越多，也许信心就会越差。

不要迷信佛菩萨

大部分人都是迷信的，
这样信佛没有任何意义。
信佛不是一种迷信。
佛也反对迷信。

有些人，一说佛菩萨，就觉得特别神秘。认为佛肯定是离自己远远的，高高在上的，特别有神通、神变，特别与众不同。我们去顶礼他，供养他，他们高兴了就会保佑我们；我们得到他的保佑了，就能健康，就能顺利，就能平安了。这都是错误的观念。

现在很多人都是这样，平时也想不起来佛，有什么事情了，就到寺庙去供养，去礼拜。如果如意了，就觉得菩萨太灵了，然后再去供，再去拜。如果没有如意，没有顺心，就开始怀疑，甚至是生气、埋怨、诽谤菩萨，“这些都不管用！”把佛菩萨当作神，求保佑、求平安。这完全是迷信。

有一年正月初一，我去成都文殊院。那天人山人海，来往的人流络绎不绝。我当时心里特别高兴，有这么多人信佛，这么多人学佛！然而，当我跟寺院的僧人说起这些的时候，他们说，因为今天是正月初一，人们都来求佛保佑一年的平安，所以人多，平时没有几个人。

看来，大部分人都是迷信的，这样信佛没有任何意义。信佛不是一种迷信。佛也反对迷信。

既然不能向佛求保佑，那我们为什么要信佛呢？因为菩萨有改变命运的方法。

初时博学易成障

在走路时，
我们两只脚还没有站稳时
就想开始跑，
这样很容易摔倒。
所以，刚开始学习时，
最好是不要广闻博学，
而应一门深入。

有的人认为既然学佛了，就应该多看书。尤其是有些比较有学问的人喜欢东看西看，东学西学。虽然这些知识、学问是一种成佛的因，成佛也需要学这些，但是这样心很容易散乱，影响自己的禅修。如果你有分辨能力，你可以看；如果没有分辨能力，看多了往往就会变成障碍。

净空法师依止李炳南老师的时候，李炳南老师为什么不让净空法师看别的书？就是怕对以后的修行有影响。净空法师依止李炳南老师十年间，没有看过别的书，没有听过别的法师开示。后来，李炳南老师开许了，什么开示都可以听，什么书都可以看，包括外道的，因为他有一定的定力了。

在修行的道路上，我们两只脚还没有站稳时就想跑，这样很容易摔倒。所以，刚开始学法的时候，最好不要广闻博学，而要一门深入。

和其他的学问不一样，佛法是圆融的，八万四千法门都是脱离痛苦的方法。佛为什么要讲这么多法门呢？因为众生的根器、意乐不一样。佛面对不同层次、不同根基的众生，讲的是不同的法门。这些法门里有很多了义和不了义的法，如果没有一定的正知正见，没有一定的智慧与能力，很难分辨，很难把握。

所以，如果没有一定的正知正见，没有一定的智慧，不要东跑西颠，不要学太多的东西；否则心容易散乱，容易生起疑惑，耽误自己的修行。学佛是要断疑惑的，你乱跑不但断不了疑惑，反而还会增加疑惑。学的东西多了，疑心就重了，成就也慢了。所以不要东学西学，一门深入才能成就。

什么样的人可以称为『活佛』

以悲心和智慧讲经说法、度化众生，这都是投生化身佛，也可以称为『活佛』。

为什么我们现在积累点福德、功德这么难呢？主要是因为没有欢喜心和希求心，或者这种心不强烈。我们无论是对佛还是对上师，虽然稍微有一点点希求和欢喜，但也不是因为他们有功德。一听说佛神通广大，有求必应，什么都能给自己，贪心就上来了，并因此而生欢喜心。一听说是上师，尤其是藏地来的所谓的活佛、法王，就认为他们太神了，一摸一吹就能治愈所有的病，因此而生起欢喜心、希求心，继而以这样的心态去亲近；根本不是因为这位上师的智慧广大、慈悲深厚、具足德行、戒律清净、摄受弟子能力强而欢喜和希求。

现在很多人依止上师时，具足正见的人很少，大部分人都是糊里糊涂地接触，根本不去考虑他的智慧、慈悲、戒律以及度化众生的事业如何。很多人听说藏地的“活佛”“上师”来了，第一句问的就是“厉害不厉害？”意思就是有没有神通。觉得能飞、能治病就是“厉害”，根本不会观察他的智慧是否广大，他的慈悲是否广大。要么就问“有没有名气？”“有没有势力？”“长得怎么样？”假如认为“长得帅肯定是佛”，那么天界的天人就都是佛了。这种标准是错误的！这都是贪心不是信心。如果没有弘法利生的事业，说他是“活佛”“法王”都没有用。如果能真正度化众生，就是活佛，就是法王。否则，名气再大，长得再帅，也不是真正的活佛、法王。

华智仁波切以及很多上师，尤其是我们的根本上师法王如意宝都讲过，藏地有这样的情况：家里比较有钱，比较有势力，小男孩长得也比较好看，就把他认定为活佛。虽然化身佛有很多种，他肯定也是化身佛中的一个；但如果这样，就不用认定了，墙、柱子、桥、房屋……都是种种化身佛，都是“活佛”。如果要认定，就要看他有没有转法轮，有没有讲经说法，有没有度化众生。有弘法利生的事业，才是活佛。

释迦牟尼佛、莲花生大士示现成佛、转法轮，他们都是殊胜化身佛，可以称为“活佛”。这些具德上师和善知识们，他们在示现上也是在讲经说法、度化众生。他们为什么要讲经说法呢？因为有悲心。怎么能讲经说法呢？因为有智慧。以悲心和智慧讲经说法、度化众生，这都是投生化身佛，也可以称为“活佛”。除此之外，不能称为“活佛”，不是佛在经中讲的“活佛”，也不是佛在密宗续部里讲的“活佛”。大家要有判断能力，不能盲目，否则后果非常严重。

到底是佛菩萨，还是冤家

佛不在别处，
就在自己身边，
你到别的地方找不到佛。

如果你有智慧、有修行，身边最讨厌、最不顺心的这个人就是佛，就是菩萨，是来度化你的；如果你没有修行，没有智慧，他就是你的冤家，是来讨债的。

“上师不是说，不是冤家不聚头吗？这是冤家嘛！不是说最不听话、最淘气的儿子或女儿是来讨债的吗？那他们到底是佛菩萨，还是冤家来讨债啊？”这就看你自己的心了，你怎样对待他，他就是怎样的。

其实，你最讨厌的那个人就是佛，是阿弥陀佛来了。不听话，天天不上学，成绩也不好，在你身边的这个小孩子，就是观音菩萨，是来度化你，帮你消业，帮你还债的。你为他们付出，为他们奉献，这不是在给自己积累善根和资粮嘛！所有的众生都是自己最殊胜的福田。否则，这个人在你身边，你愿意接受也得接受，不愿意接受也得接受，没办法。“是啊，虽然很讨厌，再也不想见到，但是没办法啊！天天都要在一起。”因为他是你的冤家，业不消，缘不尽，债不还，他是不会放过你的。除非你们之间的缘尽了，否则，债欠了就要还。

佛菩萨不在别处，就在你身边。有的人经常说：“我想上师了，请上师加持我。”你身边的那个人就是上师的化现，也是来度化你的，这就是在加持你。色身佛有报身佛和化身佛，化身佛有四种，其中之一是种种化身佛。一切的显现都是化身佛，都是佛幻化的，上师幻化的，你要有智慧。

佛有法身佛和色身佛，二者是一体的，色身佛是从法身中、法界中显现的。如果你的心比较清净，就能看到清净的形象；如果你的心不清净，就只能看到不清净的形象。因为一切显现都是唯心所现、唯识所变，都是自己心的显现。别往外求，别到处找佛，佛就在身边，都是来度化你的。

在家里，他的一切态度、行为，都是磨练你的，都是帮你消业的，你的内心要这样去接受。但是在你的行为和态度上，如果是为了调伏他或帮助他，不是为了自己，你也可以现一些忿怒相。佛的身相为什么有寂静相和忿怒相两种呢？心里不能有忿怒，显现上可以有忿怒，但这个忿怒不是为自己，而是为了他。在适当的时候，有必要的情况下，可以示现一下忿怒相，可以直指他的毛病，让他改变。如果把握住了火候，在适当的时候调伏他，对他只有帮助，没有伤害。现在，有些人总说对方“你不信佛，你烦恼、习气重……”意思是自己要去调伏、制止他一下，但是你们现在没有智慧，把握不好火候和时机，这样容易伤到他。有智慧的时候，就能把握住了。

学佛修行就是要改变、转变，若是你的思想、行为和凡夫一样，就不是学佛修行了。

修出离心是解放你的心

我们讲出离心的时候，很多人都有这样的想法：『有出离心了，是不是要远离世间了？是不是什么都不能做了？然后到山上、到山洞里自生自灭？』这是一个误区。

佛法不离世间法，包括出离心也是。你尽责任、尽义务是应该的，在佛法里，这叫了缘、了债，这样你最后才能了生死。

那么，什么是出离心？为什么修出离心？出离就是出离对世间的贪欲。这个贪欲心是一种心灵的束缚，心灵的压力。有贪心和欲望，心里绝对是束缚的，绝对是压抑的。有束缚了，心就无法解放；有压力了，心就无法轻松。修出离心就是让你的心解放，让你的心轻松，不要有压力。

有贪欲就这样，没有时想要有，有了以后还要更多。比如说金钱，有了一百万，还想要一千万，有了一千万，还想要几个亿……心里不会有满足的时候，越有反而觉得越穷。有满足感，有知足心，才是真正的富裕。如果心里不满足，有贪欲，即使有再多的钱财，也不是真正的富裕。有了权力也是一样，永远没有知足的时候。这都是由贪欲造成的。

可以有理想，也可以有愿望，但是不能有贪心和欲望。若没有贪欲了，一样可以有理想，有愿望，但是心里不会有压力。通过自己的努力，或者福报成熟了，就可以实现愿望，这是随缘的。没有欲望，没有贪心，那完全是解放的心态，完全是轻松的心态。有理想，有愿望，但是心里不会有束缚。

贪心和欲望是成就最大的障碍。我们现在为什么没有多大的成就呢？也是由贪心和欲望造成的。我们为自己的目标、理想去努力，但是因为有贪心和欲望，心里就有束缚和压力了。你心里一慌，一胡思乱想，判断和选择上就会出差错，从而南辕北辙，甚至背道而驰。

因为贪心、欲望，你造了很多恶业，今生会走进绝望，将来还要堕落恶趣，感受无穷无尽的痛苦。如果心里没有这样的束缚和压力，不胡思乱想，心态很稳定的话，在判断和选择上就不会出差错。这样，无论你在世间还是在出世间，很快就能成功。不仅能够得到暂时的成就，究竟的成就也就在眼前了。你放下贪欲的心，让自己的心解放，让自己的心轻松，然后就可以去承担自己的责任、履行自己的义务。

出离心不是逃避，而是一种放下贪心和欲望的心态。

行住坐卧都用心去做

样样事情都应该用心，
吃饭用心去吃，
行住坐卧都用心去做，
这样都是享受，
都是修行。

现在，有很多人总是烦恼痛苦，活得浑浑噩噩，马马虎虎，这叫混日子，不是过日子！怎么不寻找解决问题的方法呢？明明白白地过日子多好，样样事都好好去做，用心来做，这就是修行！

但是往往有些人，小事不想做，大事做不了，得过且过，结果什么也没有做成。我们不能这样。不管是小事还是大事，不管是家务事还是家外的事，不管是私事还是公事，遇到了就是一种缘分，既然有这个机会，就应该珍惜，这是了缘的好机会！

什么叫修行？不管是小事大事，样样事都认真、用心地去做。小事别嫌弃，大事也别害怕。连吃饭、洗衣服都用心去做，这都是一种修行。有些人做什么事情都不用心，连吃饭也是，吃的时候心里想的都是别的事，不知道饭菜是什么味道就吃下去了。

样样事情都应该用心，吃饭用心去吃，行住坐卧都用心去做，这样都是享受，都是修行。

我们要随时随地发好心、发好愿，所做的一切都是为了父母众生。若能这样，行住坐卧都是修行的过程，吃喝玩乐都是修持的方法。当我们所有的思想和行为都变成了修行，都变成了功德，这才是圆满了。

清扫卫生也是清净自心

这些灰尘，
不干净的东西都是
我们的烦恼业障、
分别执著。
我们把这些都擦掉，
把家里打扫干净的同时，
我们的心地也会
越来越清净、自在。

家里一定要打扫干净，一定要保持整洁。否则，家不像个家，一点也不规整，乱糟糟的，很容易让别人起烦恼。我们看着脏乱，这就是我们的业障烦恼。我们擦灰尘，就是擦业障、擦烦恼，这是一种修行。我们把家收拾整齐了，心里也就干净了。通过这些方法，烦恼、习气、业障自然而然就能消净。

有这样一则故事：佛在世的时候，有位比丘非常愚笨，教什么都学不会，一个字也记不住。最后佛让他去扫地，并且在扫地的时候心里做观想：我打扫的不是灰尘，而是我的业障，我的烦恼。他非常虔诚，对佛说的话没有丝毫怀疑。就这样，他每天扫地的时候，心里都不断地这样想。最后，他清除了自己所有的业障与烦恼，修成了正果。

这也是一种消业积福、开悟证悟的方法，而且是很简单的方法，我们为什么不学、不用呢？这些灰尘，不干净的东西都是我们的烦恼业障、分别执著。我们把这些都擦掉，把家里打扫干净的同时，我们的心地也会越来越清净、自在。

自己的家就是净土，就是佛国，我们把它打扫得干净整洁，就是庄严佛净土，这就是发心动机。转念消业，能够转心，才能消除业障；能够转心，才能降服烦恼。

我们天天打扫卫生，为什么不这样发心呢？所有的一切都是修行，行住坐卧都是修行的过程，吃喝玩乐都是修持的方法，没有什么难的。把心修好了，一切都会好。身体能健康，家庭能和睦，工作能顺利，一切都会吉祥圆满。我们这样学佛修行，才能解脱，才能成就。

周围人的变化，才是你修行的进步

修行的进步，
不在于你念了多少咒语，
诵了多少经文，
做了多少功课，
一天打坐了几小时，
而是看你周围人的变化。

佛法是无害的，学佛是不会伤害众生的。而现实中，很多人学佛后，却引起了家庭的纷争。

曾有一位女居士学佛后，开始对所有的家务事置之不理，整天关在佛堂里看似很虔诚地念佛、诵经。家人虽然不学佛，但还要经常给她端茶送饭，因而，引起了家人的强烈不满。

我们是要救度众生，是要为佛教做贡献的。但是，我们首先要从自身做起，从家庭做起，从自己的父母、爱人、孩子等家亲眷属做起，然后再逐步扩大范围。

有的人说，我对家人不行，但是我非常慈悲，对别人特别好，别人对我的印象也特别好。这说明了你还不是真的好！因为别人不了解你，你偶尔说几句空话、漂亮话，给点帮助，这没什么可难的。而你身边的，经常跟你接触的人才最了解你。你要做到经常关心、照顾他们，持之以恒地为他们付出，才是真的不容易。你能感化他们，才是真正的进步。

修行的进步，不在于你念了多少咒语，诵了多少经文，做了多少功课，一天打坐了几小时，而是看你周围人的变化。

如果你能影响周围人，他们对你都很满意，才算你有修行了；你能把他们感化了，才算你有进步了！反之，若你周围的人还是跟原来一样，甚至，有的人不仅没有好转，反而更糟糕了，即使你念的咒语再多，做的“功德”再多也没用，说明你还是没有修行，没有进步。

人到临终的时候，只有善根可以依怙

临终的时刻，唯一的依怙就是自己所修的善根，除此之外，任何东西都带不走，所以佛说『自己才是自己的怙主』。

我们的寿命就像一桶水，有些人桶里的水是满的，有些人只剩半桶水，有些人桶里只剩下一点点水——因为桶是漏的，里面的水一直不停地向外流——我们的寿命也是这样，每时每刻都在减少。

死魔随时都在你的身边，一旦找到机会，就会领你走进死亡。尽管你平时脑子很好用，很能规划，非常善于利用时机，但是面对死亡的时候，这些一律都不管用，你想尽办法也逃脱不了死亡。即使你的权势再大，也无法能够阻挡阎罗王的脚步。

有些人快要死了，连医院都没办法救治了，于是跑到庙里想躲避死亡。“能不能找个法力强大的师父念点什么咒语，把这些病魔驱走，让我好起来？”不可能！有些人快要死了，还想：“快把门窗都关上，别让这些鬼魔进来。”想挡住死亡。不可能！这个时候，除了自己往昔所积的善根，无人能救度你，无人能帮助你。

你唯一的依怙就是自己一生中所修的善根。除此之外，其他任何东西你都带不走，所以佛说“自己才是自己的怙主”。

断恶行善是对我们生生世世都有意义的事情。人到临终的时候，只有善根可以依怙，所以我们要多积累善根，从现在开始就要分秒必争、全力以赴地断恶行善。在世间我们还有很多缘没有了，很多债没有还。在日常的生活和工作中，我们一定要竭尽全力地去了缘了债，赶在死亡来临之前，把该了的缘了完，该还的债还清，否则就无法了脱生死，无法了脱痛苦和烦恼，无法了脱轮回。

第柒章

心开意解：达真堪布仁波切解惑录

可以说佛是万能的，
也可以说佛是无能的。
对有缘的众生来说，佛是万能的；
对无缘的众生来说，佛是无能的。
无论是佛的加持，
还是佛的功德与利益，
都是要靠自己的信心来感召的，
靠自己的信心来获得的。

1. 问：为什么要佩戴念珠？

仁波切答： 在藏地，大部分人都戴念珠，总能看到、摸到念珠。

这有两个重要的作用，一个是提醒自己：自己是学佛人，是修行人。

第二是能带动自己不断精进。通过计数，知道自己念得少了，就会提醒自己要精进；知道自己念得多了，生起法喜，就会更加精进。

我们现在也都戴念珠，但是有的人只是觉得好看，把它当成装饰品；还有些人把它当作加持品，求保佑。这样也可以，但是没有太大意义。

佩戴念珠主要是用来警示你，提醒自己是学佛修行人，任何时候都应该念，任何时候都应该修，任何时候都要调整好自己的心，精进修行。

2. 问：把佛菩萨像戴在身上当护身符，可以吗？

仁波切答： 把佛像当作护身符来佩戴，也不能说不对，但是必须要如理如法才行。在藏地，很多人都把佛像戴在身上当护身符，很多高僧也是把佛像随身携带的，这样的情况很多。

怎么做到如理如法呢？第一，发心要清净。有的人根本不是当作护身符，而是当作装饰品，这样的话肯定是不如法的，肯定有罪过。一定要把佛像当作加持品，为了得到佛菩萨的保佑才佩戴的。

第二，你在身上佩戴佛像，一定要保持清净，如果戴着佛像还什么坏事都做，这样肯定是不恭敬，肯定是有罪过的。

第三,一定要恭敬。比如把佛像随便放，放在衣服口袋里，放在包里，然后把衣服、包随便扔，这样就是不如法的，肯定有罪过。

如理如法，身口意保持清净，恭恭敬敬，这样就可以把佛像戴在身上。

3. 问：身体不好的人，怎样才能得到加持，让身体健康起来？

仁波切答：现在很多人身体不健康，经常生病。怎么办呢？就看你能不能超越因果。如果做不到超越因果，那你能不能转变因果？怎么去转变呢？就是断恶行善，主要是断除杀生的恶业。

你能不能做到不杀生，能不能做到爱护自他的生命？只有你能够忏悔，能够断恶行善，才能转变因果，才能健康长寿。

我们本来是短命多病的，但是通过忏悔，往昔所造的业清净了；不仅如此，我们还下决心从今以后爱护自他的生命，这样就能得到健康长寿的果报，这叫转变因果。

如果你连这点也做不到，那你就得忍受，就得面对。不要总是问我："上师，怎么办啊？能不能加持加持我啊？"让你去断恶行善，这就是加持！你能做到，就能受益；如果做不到，那就没办法了。

4. 问：为什么有些人患了癌症，通过修行还能康复呢？

仁波切答：这也是有因缘的，是宿世当中修来的善根和福德。当这些善根和福德成熟的时候，这些业自然就消失了。

还有一种情况，就是恶业正在成熟的过程中，自己阿赖耶识中的善根也成熟了，这时如果善的力量比恶的力量强，恶业就会被压住。我们一心祈祷上师三宝，善的力量就容易成熟。

其实能否得到加持主要是靠自己，上师三宝只是个对境、所依。自己的善根、正念才是真正的力量。

我们一心祈祷佛祖释迦牟尼佛，通过这样的方法能遣除很多的违缘和障碍。这个力量从哪里来？主要是从自己虔诚的一心中来，这个时候释迦牟尼佛是个所依，没有这个所依，你的心定不下来。借助这样的一种所依，心就能定下来；心定下来了，力量就显现了；力量显现了，就能摧毁或超越恶业的力量。

为什么强调学佛、念佛要一心，依止上师要一心？一心本身就是一种力量，是成就的根本。如果你真想得到上师的灌顶、加持或者诀窍，就要一心依止上师。学法也是一样，一心学，一心念，才能得到它真实的功德。一心才能将力量集中在一起，否则力量就散了。

5. 问：日常的生活中如何更好地落实菩提心的学处？

仁波切答：这个问题举几种现象来说明吧。在日常的生活当中，很多人为了能够吃得好一点、穿得好一点、住得好一点而去欺骗众生，或者伤害众生的生命。我们不能那么不公平，那么不讲道理，这时要多想一想因缘果报丝毫不爽的道理。这肯定会有果报的，所以一定要把自己和一切众生平等地看待。

我们总是把方便留给自己，把困难推给别人，遇到好的事物，就想要、想争；遇到不好的就想逃避、离开。这时要多想想父母众生的恩德，把方便让给众生，把困难留给自己。

要时时刻刻把自己放在最低处，把别人放在最高处，不要总是按照自己的想法去要求别人，要按照他人的想法来要求自己。当你把自己放在最低处时，实际上你是在最高处；当你把自己放在最高处时，实际上你却在最低处。

6. 问：婚姻、家庭会给我们带来烦恼，是不是就不要结婚了呢？

仁波切答：不是说不让你结婚生孩子，而是不让你执著这些。一切随缘，你可以结婚。如果你执著了，不结婚、不生孩子也是一种苦恼；若是你真正看破、放下，有智慧了，结婚生孩子也是一种快乐，也是一种解脱。

佛示现成佛以后，为什么七七四十九天没有讲经说法？就怕众生不相信，怕众生不明白。一讲空，就认为什么也没有了；一说有，就又执著实有、真有了。在此处也是如此，一说结婚、生孩子是自寻烦恼、自找痛苦，就认为不能结婚了。这也是一种偏见，其实不是这样的。

7. 问：以前买的貂皮衣服可以穿吗？倘若不穿，买的时候太贵了，放在那又是一种浪费。

仁波切答：做这样的一件衣服要用很多众生的皮，不穿这样的衣服最好。

国外有过这样一则新闻：几百个人赤身裸体坐在大街上，他们对前来采访的记者说，现在很多人都穿动物皮做的衣服，这样要伤害很多动物，穿这样的衣服还不如裸体。他们也不是学佛人，尚且有慈悲心和同情心，我们学佛人更应该有。

但这也不是完全不可以穿，还得看发心动机。你为了自己穿暖一点，好看一点，然后去买这样的衣服，就没有什么意义了，会有一定的罪过。如果不是这样，你是为了庄严坛城，为了与这些众生结缘，然后给它们念咒，把修法的功德回向给它们。你以这样的心态穿这些衣服，不仅没有什么罪过，反而还有功德。如果你的发心动机是善，那你穿这样的衣服也是修行；如果你发心动机是恶，也很容易造业。

帝洛巴上师是位大成就者，他在示现上还杀鱼、吃鱼。为什么呢？他杀鱼是度鱼，他有超度的能力。那些鱼以前跟他没有结过缘，无缘的众生无法救度。他看到那些鱼特别愚痴、痛苦，吃了它们的肉，就可以和它们结上缘，这样才能度化它们。像他这样杀鱼、吃鱼都有意义，是一种饶益众生，不但没有罪过，反而还有很多功德。

如果你现在吃肉，穿动物的皮，就要发慈悲心，给它念咒，把所做的功德回向给它。平时做完功课回向的时候，也可以再单独给它回向："我吃过肉，穿过皮的这些众生，愿它们早日解脱"，也有这样回向的，这样对它们也有好处。它们已经死了，你穿它们的皮，与它们结个缘，然后给它们念咒，念经回向，这也是一种修行，没有罪过，反而有功德。所以也不能说完全不许吃，不许穿，但是你要能发心、转念。

8. 问：在汉地，有很多人打着佛教的旗号到处宣扬、销售的"佛教开光物"，其实是假冒的。这样做，造的恶业很重。作为佛门弟子，我们应该怎样阻止，并为他们消业？

仁波切答： 这些人肯定是不相信因果的人。他既然不信因果，你能劝得动，能阻止得了吗？如果能劝阻，当然要劝阻他，别让他做这些。现在打着佛教的旗号，到处骗取众生钱财的人很多，这是多大的罪过啊！我们可以念金刚萨埵心咒或其他经咒回向给他们，帮他们消业，愿他们能早日断除这些恶业。

9. 问：世间有很多工作是杀生的，要怎样解决这样一个问题？

仁波切答：最好自己能转为道用，若是自己没有这个能力，那就尽量别去做。若是实在没有办法，过后一定要忏悔。通过忏悔，慢慢就可以远离这种恶缘，远离这些事情。

10. 问：亲朋好友之间，如果发现对方有过失，应该指出吗？

仁波切答：主要是观察自己的发心。

如果你出于好心，没有什么恶念，对方也能接受，至少不会有什么不好的影响，这样的情况下是可以指出的。

如果他对你没有信心，即使你指出了，他也不能接受，不但不能帮助他、改变他，反而还会有一些不好的影响。你为了不伤害他，避免他生烦恼，于是不指出他的错误，这是一种正念、一种善心，不会有过失的。

若是你认为，“他是他，我是我，我不管他有没有过错，我自己没有过错就行”。这就是一种自私心，一种邪知邪见，这就不对了。

自己是哪种心态，应该能观察到。

其实佛法本身是圆融的、灵活的。不同的环境里，不同的情况下，面对不同的人，都是可以变通的，这叫方便。密宗里讲“方便智慧无别之”，就是说智慧和方便是一体的。有智慧才有方便，有方便才有智慧，二者是双运的、不二的。如果把佛法理解成死板的教条，在任何情况下都必须是这样或那样，那就没有方便了。若是没有善巧方便，肯定会有很多的障碍。

11. 问：放生的动物再被抓回来怎么办？

仁波切答：我们可以尽量避免这种情况。

比如我们朗措玛寺的秋季大型放生活动，主要是放牦牛。牦牛都是从屠宰场里买来的，放生到草原上以后，专门有人看护，这样能确保它们延续生命，功德能够圆满一些。

如果有这个能力、有这个条件的话，就一定要尽心去做。若是实在没有这个能力，没有这个条件的话，那也没办法，主要是自己在放生时有这样的发心，把这个善心发出来，把这个慈悲心发出来，把这个菩提心发出来。

我们要用一切对境来提升自己的正念，增加自己的善念，这是最重要的。众生有众生自己的命运，有时候我们也无法能够解救，连佛也救度不了，这是众生业力的显现。你当时把它们解救出来了，这也是一种善心，一种功德，这就可以了。

12. 问：有人说佛像不用开光，烧香就已经开光了；还有人说不开光不行，一定要开光。佛像到底用不用开光呢?

仁波切答：这就要看自己的修行层次了。如果你有高的认识与见解，你修行的层次和境界高，那就不用请谁来给佛像开光，自然就开光了，因为这个佛像本来就是佛。若是自己没有那么高的认识与见解，修行没有达到那个层次，就必须要如法地通过仪轨和仪式开光。

13. 问：修法为什么要按仪轨?

仁波切答：修法一定要按传承，按仪轨，这样才如理如法。这个传承是佛传给我们的，是历代传承上师们一代一代传下来的。他们知道修持的内容、方法与过程。我们遵循的教言，按照历代传承上师的要求去做，这叫依止传承、依止仪轨。我们按传承、按仪轨、按佛的教言和上师的窍诀去做，才能得到成就。

14. 问：佛真的是万能的吗?

仁波切答：佛法真的是无边的，法力无边。但是如果自己没有信心，谁也没有办法。

可以说佛是万能的，也可以说佛是无能的。对有缘的众生来说，佛是万能的；对无缘的众生来说，佛是无能的。无论是佛的加持，还是佛法的功德与利益，都是要靠自己的信心来感召的，靠自己的信心来获得的。

图书在版编目（CIP）数据
人生没有彩排 / 达真堪布著．
-- 贵阳：贵州人民出版社，2014.11
ISBN 978-7-221-12303-9
Ⅰ．①人… Ⅱ．①达… Ⅲ．①佛教－人生哲学－通俗读物 Ⅳ．① B948-49

中国版本图书馆 CIP 数据核字（2014）第 270486 号

人生没有彩排

达真堪布 著

责任编辑 唐 皓
出版发行 贵州人民出版社
社址邮编 贵阳市中华北路 289 号 550001
营销电话 0851-6829604（传真）
印 刷 北京瑞禾彩色印刷有限公司

开 本 787×1092 毫米 1/16
字 数 120 千字
印 张 14
版 次 2015 年 1 月第 1 版
印 次 2015 年 1 月第 1 次印刷
书 号 ISBN 978-7-221-12303-9
定 价 38.00 元